SEVENTH EDITION

Neue Horizonte

Student Activities Manual

David B. Dollenmayer
Worcester Polytechnic Institute

Ellen W. Crocker
Massachusetts Institute of Technology

Thomas S. Hansen
Wellesley College

HEINLE
CENGAGE Learning

Australia • Brazil • Japan • Korea • Mexico • Singapore • Spain • United Kingdom • United States

HEINLE
CENGAGE Learning™

Neue Horizonte: Student Activities Manual, Seventh Edition
David B. Dollenmayer, Ellen W. Crocker, and Thomas S. Hansen

Executive Publisher: Rolando Hernández

Senior Sponsoring Editor: Laurel Miller

Executive Marketing Director: Eileen Bernadette Moran

Senior Development Editor: Judith Bach

Development Editor: Harriet C. Dishman

Project Editor: Harriet C. Dishman

Senior Composition Buyer: Chuck Dutton

New Title Project Manager: Susan Peltier

Marketing Assistant: Lorreen Ruth Pelletier

Credits

Page 64: Naturpark Obere Donau, Ersteller Mike Asche

Page 78: www.kurcafe.de

Page 81: Bayern LB

Page 83: Schleswig-Holsteinischer Heimatbund

Page 87: Deutsche BP AG

Page 126: GfK Panel Services Deutschland

Page 127: FOCUS Online

Page 149: Klaus Stuttmann

Page 158: Herausgeber: BITKOM Bundesverband Informationswirtschaft, Telekommunikation und neue Medien e.V., Berlin, März 2008

For product information and technology assistance, contact us at **Cengage Learning Customer & Sales Support, 1-800-354-9706**

For permission to use material from this text or product, submit all requests online at **www.cengage.com/permissions** Further permissions questions can be emailed to **permissionrequest@cengage.com**

ISBN-13: 978-0-618-95390-5

ISBN-10: 0-618-95390-6

Heinle
20 Channel Center Street
Boston, MA 02210
USA

Cengage Learning is a leading provider of customized learning solutions with office locations around the globe, including Singapore, the United Kingdom, Australia, Mexico, Brazil, and Japan. Locate your local office at **international.cengage.com/region**

Cengage Learning products are represented in Canada by Nelson Education, Ltd.

To learn more about Heinle, visit **www.cengage.com/heinle**

Purchase any of our products at your local college store or at our preferred online store **www.ichapters.com**

Printed in the United States of America
5 6 7 8 9 10 14 13 12 11

Contents

STUDENT ACTIVITIES MANUAL

The Student Activities Manual (SAM) for *Neue Horizonte*, Seventh Edition, together with the SAM Audio Program, provides students with ample self-paced practice in listening, speaking, and writing in German. SAM icons in the Student Text cross-reference points at which students should do specific exercises and activities in the Workbook and Lab Manual sections of the SAM. The SAM Lab Manual and SAM Audio Program are designed to engage students in listening and speaking practice with the new material of each chapter before they practice writing in the Workbook section of the SAM.

Workbook

The Workbook section of the SAM provides a variety of writing exercises and realia- or art-based activities that use and recombine the vocabulary and grammatical structures presented in the corresponding chapters of the Student Text. Exercise types include matching, fill-in, sentence-completion, sentence-building, and short compositions. The red pen icon in the Student Text directs students to related written exercises in the Workbook section of the SAM.

After chapters 5, 10, and 15, a **Zusammenfassung und Wiederholung** (*Summary and Review*) section summarizes the grammatical and functional topics of the preceding five chapters in schematic and tabular form. Grammar concepts are grouped by categories, such as verb forms, noun morphology, adjective formation, and sentence structure. Idiomatic, communicative phrases are grouped by function: greetings, parting formulae, comparing, expressing preferences, etc. Page references in the margins refer students to more detailed explanations of the grammar in the Student Text. Each **Zusammenfassung und Wiederholung** ends with a *Test Your Progress* section—a self-test for students to check their individual areas of strength and weakness. The *Self-Test Answer Keys* at the back of the SAM provide students with immediate feedback to encourage further review.

The **Zusammenfassung und Wiederholung** sections of the SAM are intended for use outside of class. Students can use them to review for tests or for a focused review of specific grammar topics. They can also be used to preview future material. For example, instructors might find it helpful to glance with students at the schematic presentation of a complex topic such as negation (**Zusammenfassung und Wiederholung 1**, section 4) before assigning the more analytical presentation in Chapter 3 of the Student Text.

Lab Manual

The Lab Manual section of the SAM is a guide to the aural/oral exercise material in the SAM Audio Program, which reinforces and expands the explanations in the Student Text. The orange earphone icon next to an exercise in the Student Text directs students to an exercise or to related exercises in the SAM Audio Program and Lab Manual. The **Einführung** (*Introductory Chapter*) includes a unit called *The Sounds of German,* which introduces students to German phonology and provides practice in basic oral communication. Chapters 1–15 of the Lab Manual section contain listening comprehension exercises, focused pronunciation exercises (in Chapters 1–8 only), directed exercises for grammar and vocabulary reinforcement, syllable-stress exercises, and dictations. All work in the Lab Manual is coordinated with the SAM Audio Program.

SAM Audio Program

The SAM Audio Program is fully integrated with the Student Text and with the Lab Manual portion of the SAM. The SAM Audio Program begins with recorded material presented in the **Einführung**, including a thorough presentation of German pronunciation. Students should listen, read, and practice *The Sounds of German* section within the first few days of class and refer to it as needed throughout the course. The **Einführung** portion of the SAM Audio Program concludes with a section on classroom expressions.

For each of the fifteen chapters, the SAM Audio Program contains the following recorded material:

- *Dialoge:* The dialogues of the chapter as presented in the Student Text. Students should listen to them first at normal speed, and then replay the track pausing the recording after each phrase and repeat that phrase.

- *Fragen zu den Dialogen:* True-false and multiple-choice questions that enable students to check their comprehension of the dialogues.

- *Hören Sie gut zu!* A dialogue for listening comprehension that does not appear in either the Student Text or the Lab Manual. This dialogue recycles vocabulary and grammatical structures from previous chapters and is followed by comprehension questions. Questions are in English in chapters 1 and 2 and printed in the SAM; in chapters 3–15, students hear comprehension questions in German on the recording. Students answer the questions in writing in the Lab Manual.

- *Übung zur Aussprache (Kapitel 1–8):* Practice of German sounds that pose particular difficulty. Students read along in the Lab Manual as they listen and repeat minimal word pairs and sentences containing the targeted sounds.

- *Üben wir!* Structured exercises related to the **Übungen** in the Student Text that practice grammatical concepts. Students listen and repeat in the pauses. These exercises can be assigned both as individual preparation of new material and for review.

- *Übung zur Betonung:* Practice of syllable stress in words or phrases. This section emphasizes cognates and words borrowed from other languages, such as **Chance**, **Café**, **Garage**, and **interviewen**, and material from the **Leicht zu merken** list in the textbook's **Lesestück** section. This section recycles vocabulary that is not necessarily considered active, but is easy for students to remember and to make part of their own personal lexicon.

- *Diktat:* Dictation sentences that highlight the chapter's grammatical points, as well as vocabulary items from **Wortschatz 1** and **2**. Students should do the dictation after the class has completed the grammar and discussed the **Lesestück**.

Suggestions for Using the SAM Audio Program

- The **Dialoge, Fragen zu den Dialogen, Hören Sie gut zu!,** and **Übung zur Aussprache** sections reinforce the material in the opening parts of the corresponding chapter of the Student Text. Students should practice this material before beginning the chapter's **Grammatik.**

- The **Üben wir!** section of the SAM Audio Program should accompany study of the **Grammatik** and should be done as preparation and reinforcement for the writing exercises in the SAM Workbook.

- The **Übung zur Betonung** for each chapter includes vocabulary items from **Wortschatz 1** and **2**. Students should do this exercise before they listen to and read the **Lesestück.**

- The **Diktat** provides a review of grammar and vocabulary in preparation for a quiz on the **Wortschatz 1** and **2** and a more comprehensive written and aural test of the chapter material. The dictation sections are on a separate page in the SAM so that students can tear out the page and hand it in. The instructor should monitor each student's dictation and simply circle errors or indicate words missing. Students should correct the dictation by listening to the recording as many times as necessary and by asking for extra help in order to improve their listening skills.

The SAM Audio Program is also available as downloadable .mp3 files on the student website, HM GermanSPACE. Note that this content is passkey protected.

Answer Keys

Complete Answer Keys for the Workbook and Lab Manual sections of the SAM can be made available to the students for self-correction at the instructor's discretion; they are available on the instructor's HM GermanSPACE website. By practicing the correction of their own work, students can effectively learn to be more precise in writing and speaking. Open-ended exercises are indicated in the answer key with the phrase *Answers will vary* and should be corrected by the instructor.

The *Neue Horizonte*, Seventh Edition SAM offers students unique advantages for learning German by coordinating the audio and printed components provided. Designed as a self-help learning tool, the SAM supports individual learning styles and functions as an easy reference manual. Follow these *Ten Tips for Easy Learning* to gain proficiency in listening, speaking, reading, and writing German.

1. Listen first to the SAM Audio Program. Begin each chapter by listening and repeating the recorded **Dialoge** several times. If possible, record your voice as you practice, so that you can check your voice against the voices in the SAM Audio Program.

2. Learning by ear is often the hardest skill and thus needs the most practice. Close your eyes as you listen to the audio and concentrate on mimicking what you hear. At first you may be able to repeat only single short phrases or words, but with practice you will be able to mimic longer and longer passages.

3. If you have difficulty saying a word or phrase, repeat it until you can say it easily. Try writing it out as it sounds according to the guidelines for spelling in *The Sounds of German* in the **Einführung**. Then try saying what you have written. Does it sound similar to what you hear on the recording? Remember that German spelling usually looks the way it sounds.

4. Check your basic listening comprehension by using the questions to the **Dialoge** in the Lab Manual section of the SAM. If your instructor chooses to make the Answer Key available, compare your answers with the Lab Manual Answer Key and go back to the recording as necessary to revise your answers.

5. Once you can mimic the dialogues easily, open your textbook to the **Dialoge** and read along with the recording. At this point, it will be helpful to jot down words that you have difficulty saying, as you begin to learn new vocabulary.

6. Listening and repeating or paraphrasing what you think you've heard is a skill that you will continue to use when you are proficient in the language and conversing with others. It is a good investment of time to master this skill.

7. Once you have read a section of the **Grammatik** in the Student Text, be sure to practice out loud with the corresponding exercises in the **Üben wir!** section of the SAM Audio Program. Here again, if you have difficulty saying a phrase, try writing it down as you are saying it.

8. After practicing out loud, do the corresponding written exercises in the Workbook section of the SAM. Your instructor may choose to make the Workbook Answer Key available in order to help you practice self-correction. Compare your answers carefully with the Answer Key and make corrections in a different color pencil or pen so that you can easily find problem areas for later review. Be sure to check your spelling, capitalization, and punctuation. Learning to correct your own mistakes in writing and speaking is a skill that you can learn from the start.

9. For a concise summary of grammatical structures, flip to the three review chapters **Zusammenfassung und Wiederholung** in the Workbook section of the SAM. As questions occur to you, jot them down in the margins so that you can refer to them in class. Coming up with your own questions will help you to be an effective learner.

10. Practice writing down what you hear as you work with various sections of the SAM Audio Program. Dictation is a skill that can help improve your listening comprehension, pronunciation, spelling, and strengthen your knowledge of vocabulary and grammatical structure. In the **Übung zur Betonung** you can practice listening for and marking down the stressed syllables in single words. By comparing your answers with the Lab Manual Answer Key, you can see where you need more practice. When you write the **Diktat** at the end of each chapter, you will benefit most by listening to each sentence repeatedly until you feel confident that you are writing what you hear. In monitoring your work, your instructor may simply circle errors or indicate words missing and then ask you to correct your dictation by listening again to the recording.

WORKBOOK

Wie geht es dir?

A. Rewrite the following sentences, replacing each subject with the pronoun in parentheses, and changing each verb to agree with the new subject.

1. Ich arbeite viel. (sie, *singular*)

   _____

2. Was mache ich heute Abend? (Sie)

   _____

3. Morgen gehen wir zu Julia. (ihr)

   _____

4. Vielleicht spielen die Kinder draußen. (er)

   _____

5. Michael und Karin arbeiten nicht sehr viel. (du)

   _____

6. Frau Lehmann fliegt nach New York. (ihr)

   _____

7. Horst geht auch. (ich)

   _____

8. Wir kommen morgen zurück. (er)

   _____

9. Was machen Sie am Mittwoch? (wir)

   _____

10. Heute bin ich in Eile. (du)

    _____

B. Complete the following exchanges with the correct form of the verb **sein**.

1. _____ du in Eile?

Ja, ich _____ sehr in Eile.

2. Wo _____ ihr am Mittwoch?

Wir _____ in Hamburg.

3. Wo _____ Michael?

Michael und Thomas _____ draußen.

4. _____ Sie morgen auch in München?

Nein, morgen _____ ich in Wien.

Frau Hauser und Herr Lehmann _____ morgen auch in Wien.

5. Herr Hauser _____ im Moment in Frankfurt.

Aber morgen _____ er wieder zurück.

C. Label the numbered items in the sketch below. Give both the definite article and the noun.

Was ist das?

1. *das Fenster* _____

2. _____

3. _____

4. _____

5. _____

6. _____

7. _____

8. _____

9. _____

10. _____

D. Complete the answers, using the correct pronoun.

BEISPIEL: Wo ist die Lehrerin?

Sie   ist draußen.

1. Wann kommt der Lehrer?

_____ kommt morgen wieder.

2. Wie ist hier die Mensa?

_____ ist gut.

3. Wie ist das Wetter heute?

_____ ist schlecht.

4. Wann scheint die Sonne wieder?

Morgen scheint _____ wieder.

5. Wie sind die Straßen hier?

_____ sind gut.

6. Wo arbeitet Frau Hauser heute?

_____ arbeitet im Büro.

7. Wo ist das Büro?

Hier ist _____.

E. Rewrite the following sentences, making each subject plural and changing each verb accordingly.

BEISPIEL: Der Herr kommt heute zurück.

Die Herren kommen _heute zurück._

1. Die Studentin fliegt nach Deutschland.

_____

2. Das Kind macht das oft.

_____

3. Das Buch ist nicht typisch.

_____

4. Der Student arbeitet bis elf.

_____

5. Der Lehrer wohnt in Wien.

_____

6. Die Frau sagt: „Guten Morgen."

_____

7. Die Straße ist schön.

_____

8. Die Mutter ist wieder in Eile.

_____

9. Der Herr fragt Frau Becker.

_____

10. Das Büro ist in Hamburg.

_____

F. Complete the sentences with the correct indefinite article.

BEISPIEL: Wo ist das Kind?

Hier kommt _ein_ Kind.

1. Wo ist die Uhr?

Ist hier _____ Uhr?

2. Ist das der Lehrer?

Nein, aber _____ Lehrer kommt um zehn.

3. Das Kind fragt immer warum.

Fragt _____ Kind auch wie?

4. Wann arbeitet der Professor?

_____ Professor arbeitet immer!

5. Der Student kommt morgen.

Kommt _____ Student auch heute?

G. Begin each sentence with the word or phrase in italics, and make the necessary changes in word order.

BEISPIEL: Laura kommt _heute Abend._
Heute Abend kommt Laura.

1. Ich bin _heute_ in Eile.

_____

2. Das Wetter ist _endlich_ wieder schön.

_____

3. Wir gehen _um elf_ zu Horst.

_____

4. Es regnet immer viel *im April.*

_____

5. Marion fliegt *am Freitag* nach Wien.

_____

6. Herr Lehmann wohnt *vielleicht* in Berlin.

_____

7. Die Herren arbeiten *morgen* hier.

_____

8. Die Studenten sind *natürlich* freundlich.

_____

H. Write yes/no questions using the following cues. Address the people named in parentheses.

BEISPIEL: kommen / wieder / ? (Karin)

Kommst du wieder?

1. gehen / zu Karin / ? (Monika)

_____

2. kommen / heute / ? (Frau Schmidt)

_____

3. arbeiten / viel / ? (Horst)

_____

4. fliegen / um neun / ? (Herr und Frau Lehmann)

_____

5. sein / in Eile / ? (Karin und Michael)

_____

6. machen / das heute / ? (Herr Hauser)

_____

7. arbeiten / heute im Büro / ? (Thomas)

_____

8. fliegen / heute Abend / ? (Herr und Frau Kuhn)

_____

I. Write questions and answers in full sentences, using the cues below.

> **BEISPIEL:** wann / kommen / ihr / zurück / ? Morgen …
>
> _Wann kommt ihr zurück?_
>
> Morgen _kommen wir zurück._

1. wann / arbeiten / du / ? _____

   Heute Abend _____

2. gehen / Christa / morgen / zu Monika / ? _____

   Ja, _____

3. wer / wohnen / in Hamburg / ? _____

   Wir _____

4. haben / ihr / auch Kinder / ? _____

   Ja, _____

5. wann / fliegen / Sie / nach Berlin / ? _____

   Am Mittwoch _____

J. Unscramble the phrases below, making them into dialogues to fit the situations in pictures 1 and 2.

1	2
Hallo, Hans.	Nein, ich bin Touristin aus den USA. Und Sie?
Danke gut. Und dir?	Grüß Gott.
Also tschüss, bis morgen!	Kommen Sie aus Österreich?
Nicht schlecht.	Guten Tag.
Es tut mir Leid, aber ich bin sehr in Eile.	Ach, ich fliege ja heute nach Hamburg.
Tag, Peter.	Gute Reise!
Wie geht's?	Aus Hamburg, aber ich wohne im Moment in Wien.
Ja, bis dann. Tschüss!	Danke schön!

1.

_____

_____

_____

_____

_____

_____

_____

_____

2.

_____

_____

_____

_____

_____

_____

_____

_____

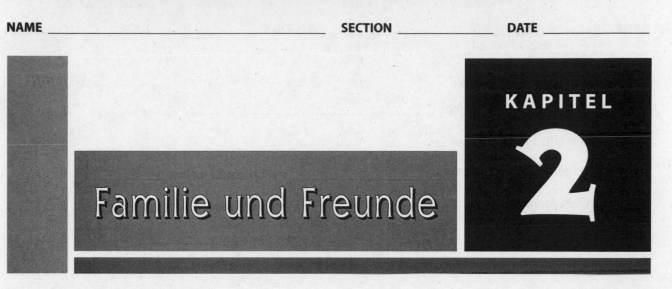

KAPITEL 2

Familie und Freunde

A. Complete each question and answer with the accusative form of the definite article and the noun in parentheses. Use the noun in the singular.

BEISPIEL: Ich suche _____. (*article*)

Ich suche ___*den Artikel*___.

1. Ich suche _____. (*street*)

2. Siehst du _____? (*house*)

3. Hat er _____? (*newspaper*)

4. Wir brauchen _____. (*teacher*, masc.)

5. Kennst du _____? (*man*)

6. Fragt sie _____? (*pupil*, fem.)

Now use the noun in the plural.

BEISPIEL: Ich kenne _____. (*Familie*)

Ich kenne ___*die Familien*___.

7. Wir lesen _____. (Artikel)

8. Fragt er _____? (Amerikanerin)

9. Habt ihr _____? (Buch)

10. Braucht sie _____? (Zimmer)

B. The sellers at a flea market are telling you about their merchandise. You are tempted to buy and start imagining who might need the various items. Complete each response with the accusative form of the noun and indefinite article.

BEISPIEL: „Der Tisch ist wunderschön."

Ja, ich brauche ___*einen Tisch*___.

1. „Der Stuhl ist sehr alt."

Ja, mein Bruder braucht _____.

2. „Das Buch ist sicher gut."

Ja, meine Mutter braucht _____.

3. „Die Uhr ist sehr schön."

Ja, meine Schwester braucht _____.

4. „Die Landkarte ist sehr groß."

Ja, ich brauche _____.

5. „Der Kugelschreiber ist sicher gut."

Ja, meine Freundin braucht _____.

6. „Das Poster ist ziemlich typisch."

Ja, meine Freunde brauchen _____.

C. Write a question for each answer, using a noun that corresponds to the gender of the pronoun in boldface type.

BEISPIEL: *Hast du die Zeitung?* Ja, ich habe **sie.**

Amerikaner • Artikel • Buch • Professorin • Straße

1. _____? Ja, ich habe **ihn.**

2. _____? Ja, ich kenne **sie.**

3. _____? Ja, ich suche **sie.**

4. _____? Ja, ich suche **ihn.**

5. _____? Ja, ich brauche **es.**

D. Write a reply to each question, using the accusative form of the pronoun cued.

BEISPIEL: Wen fragen die Leute? (ich)
Sie fragen mich.

1. Wen meint der Lehrer? (wir)

_____

2. Wen grüßt du, Peter? (ihr)

_____

3. Wen kennen Sie hier? (Sie)

_____

4. Wen fragt der Tourist? (ich)

_____

5. Wen suchst du denn? (du)

_____

E. Reply positively to each question with a complete sentence. Use the accusative form of the pronoun in parentheses.

BEISPIEL: Kennt er mich? (du)

Ja, er _*kennt dich.*_

1. Sprecht ihr über uns? (ihr)

Ja, wir _____

2. Grüßen Sie mich? (Sie)

Ja, ich _____

3. Sehe ich Sie heute Abend? (ich)

Ja, Sie _____

4. Fragt sie euch morgen? (wir)

Ja, sie _____

F. Ask the people named in parentheses questions about themselves. Use the appropriate second-person pronoun, **du**, **ihr**, or **Sie**, and the form of the verb that corresponds to it.

BEISPIEL: (Herr Müller) essen / Fleisch / ?

*Essen Sie Fleisch?*

1. (Angelika) wie / heißen / ?

_____

2. (Tobias) wissen / das / ?

_____

3. (Stefan) wann / essen / heute / ?

_____

4. (Herr Weiß) sprechen / mit Frau Schwarz / ?

_____

5. (Georg) was / sehen / in Berlin / ?

_____

6. (Herr und Frau Steuermann) kennen / München / ?

_____

7. (Otto und Antje) wissen / das noch / ?

_____

8. (Carola) nehmen / das Zimmer / ?

_____

9. (Gretchen und Anna) was / lesen / ?

_____

10. (Birgit) lesen / immer die Zeitung / ?

_____

G. Complete the following conversations with the correct form of **wissen** or **kennen**.

1. _____ ihr München?

Ja, wir studieren in München und _____ auch viele Leute.

2. Unsere Eltern _____ seine Eltern sehr gut.

_____ ihr, wo sie wohnen?

Ja, natürlich! _____ du das nicht?

3. _____ du, wo Annette studiert? Studiert sie in Berlin?

Ja, _____ sie deine Freunde, Otto und Jan?

Nein, aber ich _____ ihren Freund Kurt.

H. Choose the possessive adjective in each pair that completes the sentence correctly.

1. Tobias, wann kommen _____ Eltern nach München? (deine / deinen)

2. Wo sind _____ Zimmer? (unsere / unser)

3. Suchen Sie _____ Auto? (Ihr / Ihren)

4. Spricht er immer über _____ Buch? (seinen / sein)

5. Bleibt _____ Familie in München? (eure / euer)

6. Wir kennen _____ Freunde. (seinen / seine)

7. _____ Professor ist immer in Eile. (Unser / Unseren)

8. Wann siehst du _____ Freund wieder? (deinen / dein)

9. Wo ist _____ Bruder im Moment? (euren / euer)

10. Sehen wir heute Abend _____ Mann? (Ihr / Ihren)

I. Rewrite, using the new subject given in parentheses. Change the possessive adjective and the verb accordingly.

BEISPIEL: Ich lese mein Buch. (du)

Du liest dein Buch.

1. Ich frage auch meine Familie. (Herr Müller)

_____

2. Siehst du deine Freunde in Wien? (wir)

_____

3. Lesen Sie Ihr Buch? (Maria)

_____

4. Sucht er seine Klasse? (ihr)

_____

5. Wann machst du deine Arbeit? (Sie)

_____

6. Wir kennen unsere Lehrer sehr gut. (Jan und Katrin)

_____

7. Meine Mutter spricht oft über ihren Bruder. (meine Freunde)

_____

8. Im Moment liest mein Vater seine Zeitung. (ich)

_____

J. You don't hear clearly what someone else has said. Ask a question about the word or phrase you missed, using **wer**, **wen**, **was**, **wo**, **wie viele**, or **wessen**.

BEISPIELE: Ich suche *Annette und Jan.*

Wen suchst du?

Das ist *sein* Bleistift.

Wessen Bleistift ist das?

1. Nächstes Semester brauche ich *ein Zimmer.*

_____

2. Meine Freundin studiert *in München.*

_____

3. Ich kenne *deine Tante.*

_____

4. Katrin fragt *ihre Eltern.*

_____

5. *Ihre Familie* wohnt auch da und hat vielleicht ein Zimmer.

_____

6. *Ihre* Mutter arbeitet in Frankfurt.

_____

7. Es ist wahrscheinlich *sein* Artikel.

_____

8. *Acht* Studenten sprechen Spanisch.

_____

K. Circle the word that does not belong in the set.

1. lesen / Zeitung / essen / Artikel / Bücher

2. Häuser / Straße / wohnen / Zimmer / ziemlich

3. nächstes Semester / heute Abend / am Mittwoch / dort / morgen

4. noch / schlecht / selten / bis / oft / wieder

5. Sonne / Wetter / Sohn / scheinen / regnen

6. um eins / in der Mensa / draußen / hier / da drüben

L. Write out in words the answers to the following addition problems.

1.   Drei und siebzehn ist _____

2.   Elf und vier ist _____

3.   Acht und eins ist _____

4.   Zwei und vierzehn ist _____

5.   Fünfzehn und drei ist _____

6.   Fünf und neun ist _____

7.   Zwölf und null ist _____

8.   Sechs und sieben ist _____

M. Respond negatively to the following or disagree, using the opposite of the word in italics. Change nouns to pronouns in your response where appropriate. This exercise includes vocabulary from **Wortschatz 2.**

BEISPIEL: Ist das Essen *gut*?

   Nein, es ist schlecht.

1.   Siehst du deine Freunde ziemlich *oft*?

   _____

2.   Ist deine Familie sehr *groß*?

   _____

3.   Unsere Diskussionen sind immer *wichtig*!

   _____

4.   Ist deine Gruppe *hier*?

   _____

5.   Findest du meinen Bruder *zu alt*?

   _____

6.   Wohnst du *zusammen mit Mario*?

   _____

7.   Findest du die Straßen in Wien *hässlich*?

   _____

8.   Seht ihr *jemand* da drüben?

   _____

N. Beate Linke, a prospective student, is seeking help from Herr Fuchs in the student housing office. Unscramble the words and write her responses in full sentences. (*A double slash indicates a comma.*)

HERR FUCHS: Guten Tag.

BEATE LINKE: (guten / ein / ich / suchen / Tag / Zimmer /.)

_____

HERR FUCHS: Studieren Sie hier in Heidelberg?

BEATE LINKE: (nein / wohnen / im Moment / ich / noch in Stuttgart //

_____

(aber / hier / ich / nächstes Semester / studieren /.)

_____

HERR FUCHS: In der Hauptstraße ist ein Zimmer frei.

BEATE LINKE: (Zimmer / das / groß / sein / ?)

_____

HERR FUCHS: Nein, es ist klein, aber schön. Die Leute sind auch freundlich.

BEATE LINKE: (gut / sehr // nehmen / es / ich // Dank / vielen /.)

_____

HERR FUCHS: Bitte sehr. Nichts zu danken. Auf Wiedersehen.

O. Horst and Gabi meet one cold, rainy day. Horst has made travel plans to get away from it all. Supply his half of the conversation. Make sure his response logically leads to Gabi's next words.

GABI: Grüß dich, Horst.

HORST: _____

_____

GABI: Ganz gut, aber das Wetter ist heute sehr schlecht.

HORST: _____

_____

GABI: Wirklich, nach Italien? Wann kommst du wieder zurück?

HORST: _____

_____

GABI: Also, gute Reise! Bis dann!

HORST: _____

_____

KAPITEL 3

Jugend und Schule

A. Complete the sentences with the correct form of the modal verb in parentheses.

BEISPIEL: _____ Jutta zu Hause bleiben? (wollen)

Will Jutta zu Hause bleiben?

1. Ich _____ eine Pause machen. (wollen)

2. _____ du Obst essen? (möchte)

3. _____ ihr eure Professoren immer verstehen? (können)

4. Hier _____ man nicht halten. (dürfen)

5. _____ du noch eine Stunde laufen? (wollen)

6. Ich _____ immer so viel tragen. (müssen)

7. Wohin _____ ihr nächstes Semester fahren? (möchte)

8. Wann _____ deine Mutter nach Hamburg kommen? (können)

9. _____ wir noch ein bisschen bleiben? (dürfen)

10. Ihr _____ bald nach Hause gehen. (sollen)

B. Compose sentences, using the cues provided. The double slash indicates a comma.

1. ihr / können / Deutsch / lernen // aber / ihr / müssen / viel / sprechen /.

   _____

2. dürfen / du / bis elf / bleiben / ?

   _____

3. mein Freund / wollen / noch / ein / Zimmer / suchen /.

   _____

4. er / möchte / das / machen // aber / er / dürfen / es / nicht /.

_____

5. sollen / man / immer / eine / Uhr / tragen / ?

_____

C. Life in your household is quite busy. Friends are trying to make plans with you. Check your schedule today to see how you should answer.

BEISPIEL: *am Montag:* Kannst du heute das Essen kochen? (möchte)

Nein, ich *möchte ein Buch lesen.*

1. *am Dienstag:* Musst du heute oder morgen kochen? (sollen)

Ich _____

2. *am Mittwoch:* Können wir zu Horst gehen? (müssen)

Nein, ich kann nicht. Ich _____

3. *am Donnerstag:* Wollt ihr uns heute Abend besuchen? (müssen)

Wir möchten euch besuchen, aber _____

4. *am Freitag:* Musst du heute im Büro arbeiten? (wollen)

Nein, ich _____

5. *am Samstag:* Kannst du heute eine Pause machen? (möchte)

Nein, ich _____

6. *am Sonntag:* Besucht uns Thomas heute oder nächste Woche? (wollen)

Ja, er _____

D. Complete the sentences with the appropriate forms of the verbs in parentheses.

1. Karin _____ um eins und dann _____ sie eine Stunde.
   (essen)   (schlafen)

2. Heute Abend _____ sie bis spät im Büro und _____ um acht
   (arbeiten)   (fahren)

   nach Hause.

3. _____ du bald nach Hause oder _____ du es schön hier?
   (fahren)   (finden)

4. Ich _____ heute Abend zu Hause und _____ ein Buch.
   (bleiben)   (lesen)

5. Wir _____ die Stühle. _____ ihr den Tisch?
   (tragen)   (tragen)

6. _____ du bitte hier? Ich _____ nicht, wo wir sind.
   (halten)   (wissen)

7. Unsere Großmutter _____ nicht mehr gut und meine Mutter
   (sehen)

   _____ für sie.
   (kochen)

8. Ich _____ jetzt den Artikel. _____ du ihn dann für mich?
   (schreiben)   (lesen)

9. Es _____ viele Zimmer, aber der Tourist _____ sie alle schlecht.
   (geben)   (finden)

10. _____ du heute deine Arbeit oder _____ du noch einen Tag?
    (schaffen)   (brauchen)

E. Answer each of the following questions negatively, using **nicht**.

BEISPIEL: Besucht er ihn heute?

   Nein, heute _besucht er ihn nicht._

1. Weiß Gisela die Telefonnummer?

   Nein, die Telefonnummer _____ .

2. Arbeitet Klaus heute?

   Nein, er _____

3. Kennt er deine Schwestern?

   Nein, meine Schwestern _____

4. Liest der Lehrer nur Zeitungen?

   Nein, er _____

5. Spricht er heute zu laut?

   Nein, heute _____

6. Fliegen die Schüler nach Berlin?

   Nein, sie _____

7. Studiert Karl in Leipzig?

Nein, er _____

8. Soll ich ihn fragen?

Nein, du _____

9. Können Sie das lesen?

Nein, das _____

10. Sind die Hausaufgaben interessant?

Nein, sie _____

11. Ist das eigentlich unser Geld?

Nein, eigentlich _____

12. Sind das deine Hefte?

Nein, das _____

F. Reply negatively to the following questions, using **kein**.

BEISPIEL: Haben Sie Geld?

Nein, ich habe kein Geld.

1. Haben Sie einen Bruder?

_____

2. Verdienst du Geld?

_____

3. Braucht ihr ein Auto?

_____

4. Haben Schmidts Kinder?

_____

5. Sucht deine Freundin ein Zimmer?

_____

6. Kann sie Deutsch?

_____

7. Wollen Sie eine Pause machen?

_____

G. Say that the following things about yourself are not as expected, using **nicht** or **kein** as necessary.

    BEISPIEL: Du fährst oft nach Hause, nicht wahr?

         Nein, ich fahre nicht oft nach Hause.

   1. Du bist erkältet, nicht?

    _____

   2. Du hast Zeit, nicht?

    _____

   3. Du kochst heute, nicht wahr?

    _____

   4. Sie wohnen in Freiburg, nicht?

    _____

   5. Sie sind der Lehrer, nicht wahr?

    _____

   6. Du brauchst ein Auto, nicht wahr?

    _____

H. Contradict these negative statements and questions, beginning your response with **doch.**

    BEISPIEL: Ich spreche nicht gut Deutsch.

         Doch, du sprichst sehr gut Deutsch!

   1. Musst du nicht die Hausaufgaben machen?

    _____

   2. Es gibt nicht genug Zeit.

    _____

   3. Gibt es hier keine Zeitungen auf Deutsch?

    _____

   4. Können deine Freunde kein Deutsch?

    _____

   5. Willst du nicht im Sommer nach Europa?

    _____

I. Write out the following years in words as you would say them in German. Remember to spell numbers above twenty as one word.

BEISPIEL: 1749 _siebzehnhundertneunundvierzig_

1. 1989 _____

2. 1848 _____

3. 2000 _____

4. 2010 _____

Write out the following amounts in euros as you would say or write them.

5. € 25,– _____

6. € 81,– _____

7. € 66,– _____

8. € 333,– _____

9. € 1.060,– _____

10. € 1.500,– _____

J. Add a few new compound words to your vocabulary by combining words that you have learned up through this lesson. Include the appropriate definite article and plural ending. Then try to guess the English equivalent. This exercise includes vocabulary from **Wortschatz 2**.

	die Haustür	*-en*	*front door*
BEISPIEL: das Haus und die Tür			
1. die Wand und die Uhr			
2. das Haus und die Aufgabe			
3. die Kinder und das Buch			
4. das Haus und die Frau			
5. der Berg und die Straße			
6. die Mutter und die Sprache			
7. die Tage und das Buch			
8. die Umwelt und das Problem			

K. Andrea is talking to her English teacher. Express their conversation in German. The pupil addresses the teacher with **Sie** and the teacher addresses the pupil with **du**. This exercise includes vocabulary from **Wortschatz 2**.

ANDREA: Excuse me, Mr. Hartmann.

_____

LEHRER: Hello, Andrea.

_____

ANDREA: May I ask you something?

_____

LEHRER: Yes. What would you like to know?

_____

ANDREA: May I do the homework for Friday?

_____

LEHRER: You are supposed to do it for tomorrow, aren't you?

_____

ANDREA: Yes, but I have to work tonight.

_____

LEHRER: Do you have to earn money?

_____

ANDREA: Yes, I would like to take a trip to America.

_____

LEHRER: Then you have to earn money *and* learn English.

_____

L. Find the verb in the list that can best be combined with each group of words. This exercise includes vocabulary from **Wortschatz 2.**

besprechen • besuchen • entscheiden • lernen • machen • tragen

1. einen Mantel / eine Hose / Turnschuhe / eine Jacke _____

2. Musik / eine Fremdsprache / Deutsch / Englisch _____

3. eine Pause / die Hausaufgaben / die Arbeit _____

4. Umweltprobleme / einen Artikel / die Hausaufgabe _____

5. unsere Familie / dich / das Gymnasium _____

6. bald / gar nicht / heute / schnell _____

M. Supply the word that identifies each group of words.

BEISPIEL: Montag / Dienstag / Mittwoch _____ *Tage*

1. gelb / blau / rot / weiß _____

2. ein Hemd / ein Pulli / Schuhe _____

3. mein Sohn / meine Tante / meine Eltern _____

4. Deutsch / Englisch / Russisch _____

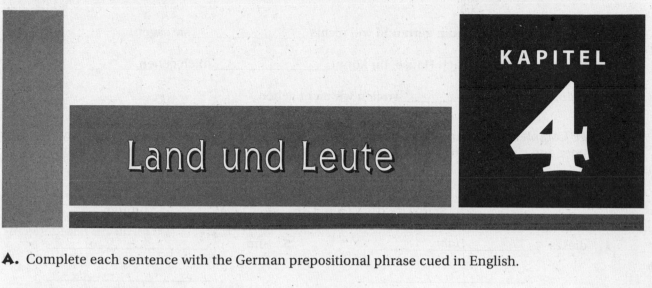

KAPITEL 4

Land und Leute

A. Complete each sentence with the German prepositional phrase cued in English.

> **BEISPIEL:** Gisela geht _____. (*without her boyfriend*)
>
> Gisela geht *ohne ihren Freund.*

1. Der Lehrer kommt nie _____. (*without our homework*)

2. Können wir heute _____ fahren? (*through the mountains*)

3. Ich habe nichts _____. (*against you,* singular familiar)

4. Wir brauchen ein Zimmer _____. (*for the child*)

5. Wir können auch _____ warten. (*until tomorrow*)

6. Ich möchte noch einmal _____ laufen. (*around the lake*)

7. Ich mache das _____. (*for you,* plural familiar)

8. Gehst du _____ schon schlafen? (*at ten*)

9. Das sollen wir nicht _____ machen. (*without her*)

B. Complete each sentence with a word from the following list. In some cases more than one word is possible.

> bis • das • dich • für • gegen • ihn • ohne • um

1. Er hat nie genug Zeit _____ uns.

2. Elke arbeitet gern für _____.

3. Meine Großeltern machen eine Reise _____ die Welt.

4. Wir können unsere Arbeit _____ Montag machen.

5. Wir müssen _____ vier Uhr dort sein.

6. Soll ich um _____ Hotel fahren?

7. Ich habe deine Freundin gern und will nichts _____ sie sagen.

8. Ich will noch nicht nach Hause. Ihr könnt _____ mich gehen.

9. Nein, ohne _____ wollen wir nicht gehen.

C. Part 1: Complete the accusative time phrases with the appropriate word from the list. Pay attention to gender and singular/plural as you complete each phrase. Words may be used more than once.

Woche	Tag	ein Uhr	Jahre	Stunden
Minute	Stunde	Abend	Morgen	Wochen
Jahr	Semester	zwei Uhr	Tage	Minuten

1. dieses _____*Jahr*_____   **5.** um _____

_____   _____

2. jede _____   **6.** drei _____

_____   _____

_____   _____

3. einen _____   _____

_____   _____

_____   _____

4. ein _____

_____

Part 2: Using a time expression from above, create possible answers to the following questions. Write complete sentences, placing the time phrase (adverb) directly after the verb or the object pronoun.

BEISPIEL: Wie oft hört man diese Musik?

Man hört sie jede Minute (oder) *Stunde* (oder) *Woche.*

1. Wann beginnt heute das Seminar?

_____

2. Wie lange wollt ihr in München bleiben?

_____

3. Wann lernst du endlich richtig Deutsch?

_____

4. Wie lange können wir deine Freunde besuchen?

_____

5. Wie oft kommt diese Zeitung?

_____

D. Use the elements below to write a suggestion or command. Address the person named in parentheses with the appropriate imperative form.

BEISPIEL: machen / doch / nicht / so viel (Karin)

Mach doch nicht so viel, Karin.

1. fahren / mal / zu / Schmidts (Stephan)

_____

2. gehen / doch / nach Hause (wir)

_____

3. bitte / sein / doch / freundlich (Klaus und Rolf)

_____

4. sprechen / bitte / nicht / so schnell (Inge)

_____

5. arbeiten / doch / nicht allein (Martin)

_____

6. bleiben / doch / noch eine Stunde (Frau Beck)

_____

7. lesen / mal / den Zeitungsartikel / von heute (wir)

_____

8. essen / doch / wenigstens / ein Brötchen (Anita)

_____

9. sein / doch / nicht / so pessimistisch (Herr Keller)

_____

10. sein / doch / ehrlich (Gabi)

_____

E. Answer each question, beginning with the adverb in parentheses.

> **BEISPIEL:** Können Sie schon Deutsch? (natürlich)
>
> _Natürlich kann ich schon Deutsch._

1. Können wir heute entscheiden? (sicher)

_____

2. Bekommen wir hier noch ein Zimmer? (selbstverständlich)

_____

3. Musst du heute Abend zu Hause bleiben? (ja, leider)

_____

4. Regnet es morgen? (hoffentlich)

_____

5. Die Leute sprechen langsam, nicht? (ja, Gott sei Dank)

_____

6. Habt ihr Angst? (natürlich)

_____

F. Two acquaintances are discussing their vacation plans. Complete the text of the conversation below, filling in the blanks with the *correct form* of an appropriate word from the lists. For some blanks you may find more than one possibility.

wann	doch	dort	ich	brauchen	eine Reise
dieses Jahr in Urlaub	eigentlich	überall	Sie	mögen	Österreich
Herbst	lieber	ohne	man	wollen	
wieder		dunkel		gern hören	
schon		zu Fuß		bekommen	
				können	
				werden	
				bleiben	

FRAU WOLF: Wohin wollen Sie _____ fahren?

Fahren Sie wieder nach _____ ?

HERR BIERMANN: Ja, hoffentlich _____ wir _____ nach Salzburg.

FRAU WOLF: Was _____ Sie dort machen? _____ Sie

_____ Musik?

HERR BIERMANN: _____ wandern wir _____ .

Meine Frau und _____ _____ die Landschaft dort.

FRAU WOLF: _____ man einen Wagen?

HERR BIERMANN: Nein, auch _____ Auto kann _____ genug sehen.

_____ gehen alle _____ .

FRAU WOLF: _____ wollen Sie fahren?

HERR BIERMANN: Wahrscheinlich im _____ . Da _____ wir

_____ ein Hotelzimmer. Nur _____ es leider im

Herbst schnell _____ .

FRAU WOLF: Fahren _____ _____ im Mai! Da wird es _____ warm

und es _____ lange hell.

G. List the words and phrases under the appropriate heading below. This exercise includes vocabulary from **Wortschatz 2**.

der Baum	der Hügel	es schneit
der Berg	kühl	der Schüler
die Brille	die Luft	das Seminar
die Deutschstunde	der Mantel	sonnig
der Fluss	das Meer	das Tal
die Fremdsprache	nächstes Semester	tragen
Hausaufgaben machen	regnen	die Turnschuhe
das Hemd	der Rock	der Wald

Wetter	*Kleidung*	*Schule und Universität*	*Landschaft*
_____	_____	_____	_____
_____	_____	_____	_____
_____	_____	_____	_____
_____	_____	_____	_____
	_____		_____
			_____

H. Compose a dialogue between yourself and a travel agent. Use the following suggestions as a guide. You want to make your vacation plans. You would like to go to America. How long can you stay? What do you want to see? Do you need a hotel, or are you visiting friends? How is the weather at this time of year? When do you have to be back?

ER / SIE: _____

ICH: _____

ER / SIE: _____

_____

_____

_____

_____

_____

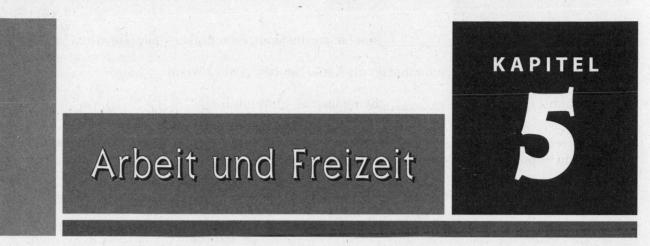

KAPITEL 5

Arbeit und Freizeit

A. Add the indirect object cued in parentheses. Rewrite the cue in the dative case for the indirect object. Then rewrite the entire sentence, replacing the indirect object noun with the correct pronoun.

BEISPIEL: Geben Sie _____ das Geld. (mein Bruder)

Geben Sie _meinem Bruder_ das Geld.

Geben Sie ihm das Geld. _____

1. Vielleicht kaufe ich _____ heute eine Brezel. (das Kind)

_____

2. Selbstverständlich zeigt Hans _____ das Motorrad. (seine Eltern)

_____

3. Bitte beschreiben Sie _____ das Haus. (mein Mann)

_____

4. Natürlich schreibe ich _____ eine Postkarte. (die Schüler)

_____

5. Manchmal mache ich _____ das Frühstück. (meine Frau)

_____

B. Choose the word that correctly completes the sentence, and write it in the blank.

1. Kauft sie _____ Mutter eine Bluse? (ihre / ihrer)

2. Wie viel schenkst du _____ ? (mir / mich)

3. Wer möchte _____ Bücher kaufen? (meine / meinen)

4. Der Professor gibt _____ immer genug Zeit. (ihnen / sie)

5. _____ besuchst du heute Abend? (wem / wen)

6. Wir zeigen _____ am Freitag die Stadt, Frau Becker. (Sie / Ihnen)

7. _____ schreibst du die Karte, Hannes? (Wer / Wem)

8. Kannst du _____ heute fragen? (ihm / ihn)

C. As you read the text of two phone calls below, supply the correct form of the missing personal pronoun or possessive adjective.

1. „Meine Cousine besucht _____ bald. ... Kennst du _____ schon? Ich möchte
   (us)   (her)

   _____ die Stadt zeigen. Wir können sogar mit _____ Auto nach Salzburg
   (her)   (her, sing.)

   fahren. ... Bleibt _____ Schwester noch bis Dienstag? ... Vielleicht könnt _____
   (your, sing.)   (you, pl.)

   uns besuchen und wir können mit _____ in die Berge fahren.“
   (you, pl.)

2. „Guten Tag, Frau Bachmann. Wie geht es _____ ? ... Ich lese im Moment _____
   (you, formal)   (your)

   Artikel. Können _____ noch ein bisschen warten? Ich bringe ihn _____ am
   (you)   (you)

   Montag wieder. ... Zwei Journalisten aus Amerika möchten _____ kennen lernen.
   (you)

   Vielleicht können wir _____ am Freitag besuchen. ... _____ Hotel ist in der
   (them)   (Their)

   Hauptstraße.“

D. Answer the following questions with complete sentences in German according to the information in the table below. Use pronouns where possible.

Wer schenkt wem was?

	Freundin	**Bruder**	**Schwester**	**Eltern**
Sabine	eine Tasche	?	eine Uhr	Theaterkarten
Stefan	einen Kugelschreiber	einen Fußball	?	ein Buch
Frau Keller	eine Bluse	einen Roman	ein Bild	?
Horst und Rolf	?	einfach nichts	ein Wörterbuch	eine Urlaubsreise

BEISPIEL: Wissen Sie, was Frau Keller ihrer Schwester schenkt?

   Sie schenkt ihr ein Bild.

1. Wissen Sie, was Sabine ihrer Schwester kauft?

   _____

2. Wissen Sie, was Frau Keller ihrem Bruder kauft?

_____

3. Was schenken Horst und Rolf ihrer Schwester?

_____

4. Wem schenkt Stefan einen Fußball?

_____

5. Wem schenkt Frau Keller eine Bluse?

_____

6. Was schenken Horst und Rolf ihren Eltern?

_____

7. Wer kauft seiner Freundin einen Kugelschreiber?

_____

8. Wer schenkt seinen Eltern Theaterkarten?

_____

Here are four more gifts. Put them into the empty boxes on the grid marked with question marks. Then write statements about who gives them to whom.

eine Krawatte   •   einen Pullover   •   Blumen (*flowers*)   •   eine Brezel

BEISPIEL: *Horst und Rolf schenken ihrer Freundin Blumen.*

_____

_____

_____

E. Choose the dative preposition that correctly completes the sentence, and write it in the blank.

1. – Heute will ich _____ der Deutschstunde in die Stadt.
    (nach / seit)

– Oh, kann ich bitte _____ dir fahren?
        (mit / außer)

– Ja, sicher. Möchte _____ dir noch jemand mitkommen? Wir können zusammen
        (außer / aus)

_____ Heidelberg fahren.
(nach / zu)

2. – Das T-Shirt ist _____ Ungarn (*Hungary*). Es ist _____ meiner Tante. Sie fährt oft

(aus / zu)   (aus / von)

_____ ihren Freunden nach Budapest.

(nach / zu)

– Wohnst du jetzt _____ ihr?

(zu / bei)

– Ja, _____ September. Im Sommer wollen wir zusammen _____ Österreich und

(von / seit)   (nach / zu)

Ungarn fahren.

F. Answer the questions using the modal verbs in parentheses.

    BEISPIEL: Stehst du bald auf? (müssen)

            Ja, ich muss bald aufstehen.

    1. Fängst du jetzt an? (müssen) _____

    2. Macht ihr den Laden bald auf? (wollen) _____

    _____

    3. Rufen Sie mich morgen an? (können) _____

    _____

    4. Lernst du die Chefin bald kennen? (möchte) _____

    _____

    5. Kommt ihr heute Abend zurück? (wollen) _____

    _____

    6. Hörst du schon auf? (dürfen) _____

    7. Kommst du auch mit? (möchte) _____

G. Write out three conversational exchanges using the elements given. Pay special attention to the separable-prefix verbs (the double slash indicates a comma).

    BEISPIEL: um acht Uhr / du / aufstehen / ?

            Stehst du um acht Uhr auf?

    1. – um wie viel Uhr / du / uns / morgen / anrufen / ?

    _____

    – mein Bus / ankommen / um zehn Uhr // dann / können / ich / euch / anrufen / .

    _____

    – Gut! / nach dem Mittagessen / wir / besuchen / zusammen / Tante Hildegard / .

    _____

2. – aufstehen / jetzt / doch / und / mitkommen / . (*Use* **du**-*imperative*.)

_____

– Warum? / wann / anfangen / unser- / Deutschstunde / ?

_____

– Um zehn. / wir / besprechen / unser- / Reise / .

_____

3. – wann / du / morgens / Laden / aufmachen / ?

_____

– ich / aufstehen / früh / und / aufmachen / ihn / um sechs / .

_____

Gott sei Dank / ich / können / dann / um drei Uhr / aufhören / .

_____

– ich / dürfen / verlassen / das Büro / erst gegen vier / .

_____

H. Supply the antonym for the words in italics. This exercise contains vocabulary from **Wortschatz 2**.

BEISPIEL: Dieser Wagen ist *neu*. _____ *alt* _____

1. Die Studenten kommen immer *früh* nach Hause. _____

2. Unsere Stadt liegt im *Süden*. _____

3. Am Samstag Nachmittag *macht* dieser Laden *zu*. _____

4. Jetzt *fängt* die Musik *an*. _____

5. Diese Häuser sind sehr *alt*. _____

6. Der Chef möchte uns *etwas* sagen. _____

7. Unsere Klasse ist ziemlich *groß*. _____

8. Am Wochenende essen wir *viel*. _____

9. Eigentlich sieht er *jung* aus. _____

10. Diese Fremdsprache ist *schwer*. _____

11. Bist du sonntags immer so *faul*? _____

12. Morgens sind die Straßen hier *leer*. _____

13. Außer dir sind alle sehr *klug*! _____

I. This page from the date book of Jürgen Becker, a student in Tübingen, can give us an idea of what a typical Saturday might be like. Write a short paragraph describing his day based on the information in the diary below. This exercise includes vocabulary from **Wortschatz 2**.

Samstag, den 25. Oktober	
Tübingen	
8.00	aufstehen
9.00	Lebensmittel einkaufen gehen
10.00	
11.00	
12.00	in der Mensa essen
13.00	in der Buchhandlung Roman kaufen
14.00	nach Hause fahren
15.00	Postkarten schreiben, lesen

Samstag, den 25. Oktober	
16.00	Freunde anrufen
17.00	
18.00	Freunde kommen vorbei
19.00	zusammen kochen
20.00	in der Stadt spazieren gehen
21.00	
22.00	bei Christa Wein trinken
23.00	schlafen gehen

Um acht Uhr steht Jürgen ... _____

_____

_____

_____

_____

_____

_____

_____

_____

_____

_____

ZUSAMMENFASSUNG UND WIEDERHOLUNG

Summary and Review (Kapitel 1–5)

The Summary and Review section follows every fifth Workbook chapter in the Student Activities Manual for **Neue Horizonte.** In it you will find a review of the structures and language functions of the five preceding chapters. These are not detailed grammar explanations, but rather tables and summaries of structures you have already learned. In the page margins are cross references to the more complete explanations in the **Grammatik** sections of your textbook. Although this section emphasizes form and structure rather than spoken communication, each **Zusammenfassung und Wiederholung** also reviews useful colloquial expressions and slang words and phrases from the preceding chapters.

This section can be used both for current review and for future reference. To use the following **Zusammenfassung und Wiederholung** most effectively for review of Chapters 1–5, first look at Workbook pp. 3–39 to recall and summarize what you have learned. Then test your understanding with the *Test Your Progress* quiz. Answers are provided in the *Progress Check* at the end of this Student Activities Manual. If you need to review a specific grammar topic, refer to the textbook page number noted in the margin.

FORMS

1. Verbs

A. Infinitive: ends in **-en** or **-n**

pp. 23–26

komm**en**	*to come*
wander**n**	*to hike*
arbeit**en**	*to work*
heiß**en**	*to be called*

B. Stem: infinitive minus **-en** or **-n**

p. 24

komm-
tu-
arbeit-
heiß-

C. Present tense: stem + personal endings

1. Basic paradigms

p. 24

ich	komm**e**	wir	komm**en**
du	komm**st**	ihr	komm**t**
er, es, sie	komm**t**	sie, Sie	komm**en**

p. 25

Stems ending in -t or -d			
ich	arbeite	wir	arbeiten
du	arbeitest	ihr	arbeitet
er, es, sie	arbeitet	sie, Sie	arbeiten

p. 50

Stems ending in -s, -ß, or -z			
ich	heiße	wir	heißen
du	heißt	ihr	heißt
er, es, sie	heißt	sie, Sie	heißen

2. Stem-vowel change: only in **du-** and **er-**forms

pp. 50–51, 75

	sehen $e \to ie$	sprechen $e \to i$	tragen $a \to \ddot{a}$	laufen $au \to \ddot{a}u$
ich	sehe	spreche	trage	laufe
du	**siehst**	**sprichst**	**trägst**	**läufst**
er, es, sie	**sieht**	**spricht**	**trägt**	**läuft**

SIMILARLY:

$e \to ie$	$e \to i$	$a \to \ddot{a}$
lesen (**liest**)	besprechen (**bespricht**)	fahren (**fährt**)
	essen (**isst**)	halten (**hält**)
	geben (**gibt**)	schlafen (**schläft**)
	nehmen (**nimmt**)	

2. Verbs with irregular present tense

p. 26

sein *to be*			
ich	**bin**	wir	**sind**
du	**bist**	ihr	**seid**
er, es, sie	**ist**	sie, Sie	**sind**

p. 47

haben *to have*			
ich	**habe**	wir	**haben**
du	**hast**	ihr	**habt**
er, es, sie	**hat**	sie, Sie	**haben**

p. 104

werden *to become*			
ich	**werde**	wir	**werden**
du	**wirst**	ihr	**werdet**
er, es, sie	**wird**	sie, Sie	**werden**

p. 52

wissen *to know (facts)*			
ich	**weiß**	wir	**wissen**
du	**weißt**	ihr	**wisst**
er, es, sie	**weiß**	sie, Sie	**wissen**

3. Modal verbs

A. Conjugation: changed stem in singular, no ending for **ich-** and **er-**forms p. 71

dürfen *to be allowed to, may*			
ich	**darf**	wir	**dürfen**
du	**darfst**	ihr	**dürft**
er, es, sie	**darf**	sie, Sie	**dürfen**

SIMILARLY: p. 71

können (ich **kann**)	*to be able to, can*
mögen (ich **mag**)	*to like*
müssen (ich **muss**)	*to have to, must*
sollen (ich **soll**)	*to be supposed to, should*
wollen (ich **will**)	*to want to*

Mögen occurs most often in the following form: p. 71

ich möchte *I would like to*			
ich	**möchtc**	wir	**möchten**
du	**möchtest**	ihr	**möchtet**
er, es, sie	**möchte**	sie, Sie	**möchten**

B. Modal verb + infinitive

The complementary infinitive comes at the end of the
sentence or clause. p. 72

modal	*infinitive*
Ich **darf** noch nicht	**fahren.**
Willst du denn gar nichts	**kaufen?**
Robert **möchte** Lehrer	**werden.**

C. Infinitive omitted (implicit **fahren, gehen, haben, machen,** etc.) p. 73

modal	
Ich **muss**	in die Schule.
Dürfen	wir denn das?
Hannah **möchte**	ein Bier.

The infinitive **sprechen** is also omitted in the following idiom:

Ich **kann** Deutsch.

4. Verbs with prefixes

A. Separable-prefix verbs (prefix is stressed) pp. 129–132

abholen	**auf**hören	**mit**bringen
anfangen	**auf**stehen	**mit**kommen
anrufen	**ein**kaufen	**vorbei**kommen

The preflx separates in the present tense: p. 129

	inflected stem		*prefix*
Wir	**fangen**	bald	**an.**
Sie	**steht**	um sieben	**auf.**
Wann	**kaufen**	wir denn	**ein?**

The prefix separates in the imperative:

p. 129

inflected stem		prefix
Fangen	wir bald	**an!**
Steht	um sieben	**auf!**
Komm	bitte	**mit!**
Kommen	Sie bald	**vorbei!**

B. Inseparable-prefix verbs (prefix is not stressed)

p. 132

The following prefixes are inseparable: **be-, emp-, ent-, er-, ge-, ver-, zer-**

bedeuten, **ent**scheiden, **ver**gessen

Er **vergisst** alles.

Vergesst eure Hausaufgaben nicht!

5. Article or possessive adjective + noun

A. Definite article + noun

pp. 29, 47, 124

		Singular	Plural	
Masculine	*nom.*	**der** Mann		
	acc.	**den** Mann		
	dat.	**dem** Mann		
Neuter	*nom.*	} **das** Kind	*nom.* }	**die** Männer, Kinder, Frauen
	acc.		*acc.*	
	dat.	**dem** Kind	*dat.*	**den** Männern, Kindern, Frauen
Feminine	*nom.*	} **die** Frau		
	acc.			
	dat.	**der** Frau		

Dative plural of all nouns ends in **-n** (except when the plural form is **-s**: **den Hotels, den Kinos**).

p. 124

B. Ein-words (indefinite article and possessive adjectives)

pp. 29, 47, 53

	ein	(when unstressed) *a, an;* (when stressed) *one*
	kein	*not a, no*
	mein	*my*
	dein	*your*
	sein	*his (its)*
Possessive	**sein**	*its*
adjectives	**ihr**	*her (its)*
	unser	*our*
	euer	*your*
	ihr (Ihr)	*their (your)*

C. Ein-words + noun   pp. 48, 124

		Singular	*Plural*	
Masculine	nom.	**kein** Mann		
	acc.	**keinen** Mann		
	dat.	**keinem** Mann		
Neuter	nom.	**kein** Kind	nom.	**keine** Männer, Kinder, Frauen
	acc.		acc.	
	dat.	**keinem** Kind	dat.	**keinen** Männern, Kindern, Frauen
Feminine	nom.	**keine** Frau		
	acc.			
	dat.	**keiner** Frau		

6. Pronouns

A. Personal pronouns: replace nouns   pp. 23, 49, 125

		Singular			*Plural*		
		nom.	acc.	dat.	nom.	acc.	dat.
1st person		ich	mich	mir	wir	uns	uns
2nd person familiar		du	dich	dir	ihr	euch	euch
2nd person formal		Sie	Sie	Ihnen	Sie	Sie	Ihnen
3rd person	*Masculine*	er	ihn	ihm	sie	sie	ihnen
	Neuter	es	es	ihm			
	Feminine	sie	sie	ihr			

B. Indefinite pronoun **man**: refers to people in general   p. 80

man = one, they, people, we, you

The indefinite pronoun **man** can only be the *subject* of a sentence and is always
used with a verb in the third-person singular.

In Deutschland wandert **man**   *In Germany they (people) like to go*
gern am Sonntag.   *hiking on Sunday.*

7. Prepositions

A. Prepositions with the accusative case   p. 96

bis	*until, by*	**gegen**	*against; around, about (with times)*
durch	*through*	**ohne**	*without*
für	*for*	**um**	*around (the outside of); at (with time)*

B. Prepositions with dative case   p. 127

aus	*out of; from* (country or city)
außer	*except for; besides, in addition to*
bei	*near, at, in the home of*
mit	*with*
nach	*after; to* (with country and city names)
seit	*since* (temporal); *for* (when scanning in the past)
von	*from; of; by*
zu	*to* (people and some locations)

C. Standard contractions of *preposition* + *article* p. 128

bei dem → **beim**
von dem → **vom**
zu dem → **zum**
zu der → **zur**

WORD ORDER

Word order of nouns and pronouns p. 126

A. Word order of direct and indirect objects. Note the parallel to English word order.

Ich zeige **meiner Lehrerin den Artikel.**	*I'm showing **my teacher the article.***
Ich zeige **ihn meiner Lehrerin.**	*I'm showing **it to my teacher.***
Ich zeige **ihr den Artikel.**	*I'm showing **her the article.***
Ich zeige **ihn ihr.**	*I'm showing **it to her.***

B. Pronoun word order

Personal pronouns are either in first position:

> **Er** ist gern allein.

or immediately after the inflected verb in the order nominative, accusative, dative:

> Heute gebe **ich es ihm.**

FUNCTIONS

1. Making statements

Declarative sentences: verb in second position pp. 30–32

Die Studenten	**haben**	keine Zeit.
Heute Abend	**kommt**	Sascha.
Manchmal	**kaufen**	wir eine Pizza.
Ich	**kann**	leider mein Geld nicht finden.

2. Asking questions

A. Yes/no questions: verb first p. 32

Kommt	er?
Wohnen	Sie in Berlin?
Müsst	ihr gehen?

B. Information questions: question word first pp. 32–33

Was	trinkst du gern?
Warum	sagen Sie das?
Für wen	arbeiten Sie denn?
Woher	kommst du?
Wohin	fährst du im Sommer?
Wie lange	wohnst du schon hier?

Other question words:

wann	**wie**	**wo**
wer	**wen**	**wessen**
wie viele	**wie oft**	

3. Giving commands and suggestions   pp. 99–104

A. wir-imperative = suggestion: *"Let's do something"*   p. 99

Sprechen wir zusammen Deutsch!
Gehen wir jetzt nach Hause!

B. Sie-imperative = command, suggestion: *"Do something"*   pp. 99–100

Warten Sie noch ein bisschen.
Lesen Sie doch das Buch.

C. du-imperative = command, suggestion: *"Do something"*   pp. 101–102

   1. **Basic** form: verb stem

     Komm doch um neun.
     Frag mich nicht.
     Lauf doch schnell!

   2. Verbs with stem-vowel change **e → i** *or* **ie**

     Sprich bitte nicht so schnell. (**sprechen**)
     Lies bitte bis morgen das Buch. (**lesen**)

   3. **Verbs** with stems ending in **-t** or **-d**: stem + **e**

     Arbeite nicht so viel.
     Warte noch ein bisschen.

D. ihr-imperative   pp. 102–103

Wartet noch ein bisschen.
Lest das Buch.

E. Imperative of **sein**   p. 103

Seien wir doch optimistisch.
Seien Sie doch ehrlich, Herr Fuchs.
Seid doch höflich, Kinder.
Sei doch freundlich, Anna.

4. Negating   pp. 76–80

A. kein   p. 78

   1. **kein** negates **ein** + noun

     Hast du **einen Bruder?**
     Nein, ich **habe keinen Bruder.**

   2. **kein** negates nouns without articles

     Braucht sie **Geld?**
     Nein, sie braucht **kein Geld.**

B. nicht   pp. 76–77

   1. **nicht** follows: p. 81

     a. the subject and the inflected verb

      Ich esse.
      Ich esse **nicht.**

     b. the direct object

      Sie liest das Buch.
      Sie liest das Buch **nicht.**

      c. expressions of definite time

         Sie kommen morgen.
         Sie kommen morgen **nicht**.

    2. **nicht** precedes verbal complements (the second part of the predicate)

      a. adverbs of manner, indefinite time, and place

         Der Lehrer spricht schnell.
         Der Lehrer spricht **nicht** schnell.

      b. predicate adjectives

         Der Wald ist dunkel.
         Der Wald ist **nicht** dunkel.

      c. predicate nominatives

         Er ist der Chef.
         Er ist **nicht** der Chef.

      d. prepositional phrases showing destination or location

         Sie fliegt nach Wien.
         Sie fliegt **nicht** nach Wien.

      e. infinitives complementing verbs

         Du sollst es kaufen.
         Du sollst es **nicht** kaufen.

C. nicht wahr?   p. 79

    Nicht wahr? (**Nicht?**) follows a positive statement when the
    speaker anticipates confirmation.

    Hier ist es meistens voll, **nicht wahr?**
    Sie arbeiten in Bonn, **nicht?**

D. doch   p. 79

    Doch is used to contradict a negative statement or question.

    Ich kann *nicht* so gut Deutsch.
    Doch, du kannst sehr gut Deutsch.
    Arbeiten Sie *nie* zu Hause?
    Doch, ich arbeite sehr gern zu Hause.

5. Specifying time and place   p. 34

Word order of adverbs: TIME before PLACE (*reverse of English*)

Dr. Bachmann fliegt **morgen nach Europa.**	*Dr. Bachmann is flying **to Europe** **tomorrow.***
Bleiben wir **am Mittwoch zu Hause.**	*Let's stay **home** **on Wednesday.***

6. Expressing *when,* *how often,* and *how long*   p. 98

    A. These time phrases without prepositions are in the *accusative* case.

    Hoffentlich kann sie **dieses Semester** Deutsch lernen.
    Jede Woche bekomme ich eine Postkarte von Christa.
    Wir wollen nur **einen Tag** in Frankfurt bleiben, aber **drei Tage** in München.

B. Adverbs showing regular or habitual occurrence: p. 134

morgens nachts montags
nachmittags abends mittwochs

7. Equivalents of English *to like* pp. 105–106

A. *to like to do something:* verb + **gern(e)**

Ich **schwimme gern.** *I like to swim.*
Machen Sie das **gerne**? *Do you like to do that?*

B. *to like something or someone:* **mögen**

Ich **mag** dich sehr. *I like you a lot.*
Die Farbe **mag** ich nicht. *I don't like the color.*

C. *would like to:* **möchte** + infinitive

Ich **möchte** etwas **sagen.** *I would like to say something.*
Möchten Sie eine Zeitung *Would you like to buy a*
kaufen? *newspaper?*

8. Uses of the dative case

A. To show recipient or beneficiary of an action (indirect object). p. 122

Meine Freundin hat **mir** einen Rucksack geschenkt.
Zeigen Sie **dem Professor** Ihr Referat.

B. To indicate the object of certain prepositions. p. 122
(See above under Forms, Section 7B.)

USEFUL IDIOMS AND EXPRESSIONS

You should be able to use all these idioms and expressions actively.

1. Personal questions, feelings, and emotions

Wie heißt du? / Wie heißen Sie?
Wie geht's? / Wie geht es Ihnen (dir)?
Bist du heute müde/munter/sauer/glücklich?
Woher kommst du?
Wo wohnst du denn?
Wann hast du Geburtstag?
Wie alt bist du?
Was ist los?

2. Greetings and partings

(Guten) Morgen! Grüß Gott! / Grüß dich! Tschüss!
Guten Tag! Gute Reise! Bis dann!
Guten Abend! Schönes Wochenende! Bis nachher!
Hallo! (Auf) Wiedersehen! Bis Montag.

3. Polite expressions

Danke! Entschuldigung!
Vielen Dank! Bitte!
Nichts zu danken! (Es) freut mich.
Danke, gleichfalls!

4. Reactions and opinions

Gott sei Dank!	Das mache ich gern.
Fantastisch!	Das freut mich.
Toll!	Das tut mir Leid.
Super!	Lieber nicht.
Hoffentlich!	Einverstanden!
Selbstverständlich!	Das stimmt. ≠ Das stimmt nicht.
Um Gottes Willen!	Stimmt schon, aber ...
Mensch!	Ist gut.
Quatsch!	Du hast Recht.
Warte mal!	Es geht. ≠ Es geht nicht.
Ich habe die Nase voll.	Ich finde ich auch. ≠ Das finde ich nicht.

5. Time and place

Bist du heute (morgen) zu Hause?
Fährst du bald nach Hause?
Im Norden ist es im Sommer kühl.
Wie spät ist es? Es ist halb neun.
Gibt es noch einen Stuhl? Ja, da drüben.

6. Colloquialisms

blitzschnell	super
fantastisch	todmüde
nagelneu	uralt
prima	wahnsinnig
stinklangweilig	wunderschön

7. Beim Einkaufen (*Shopping*)

Was darf's sein?
Geben Sie mir bitte sechs Brötchen.
Bitte sehr.
Sonst noch etwas?
Wie viel kostet das?
Das macht zusammen drei Euro fünfundsiebzig.

TEST YOUR PROGRESS

Check your answers with the Self-Test Answer Key at the end of this Student Activities Manual.

A. Provide the verb form to agree with the German subject. Then give the English infinitive.

1. scheinen: es _____ to _____

2. spielen: die Kinder _____ to _____

3. gehen: ihr _____ to _____

4. bedeuten: es _____ to _____

5. meinen: ich _____ to _____

6. laufen: er _____ to _____

7. stimmen: es _____ to _____

8. schlafen: du _____ to _____

9. fahren: wir _____ to _____

10. besuchen: ihr _____ to _____

11. wollen: sie (*sing.*) _____ to _____

12. dürfen: ich _____ to _____

13. werden: du _____ to _____

14. schneien: es _____ to _____

15. bekommen: sie (*pl.*) _____ to _____

16. lesen: du _____ to _____

17. tragen: ihr _____ to _____

18. können: er _____ to _____

19. warten: er _____ to _____

20. sollen: sie (*sing.*) _____ to _____

21. anfangen: sie (*sing.*) _____ to _____

22. vergessen: er _____ to _____

23. vorbeikommen: ich _____ to _____

24. fernsehen: du _____ to _____

B. Rewrite each sentence with the new subject provided.

1. Ich möchte schon nach Berlin. (Barbara)

_____

2. Ich will noch ein bisschen bleiben. (die Studenten)

_____

3. Was tragen die Kinder am Freitag? (du)

_____

4. Nehmen Sie ein Brötchen? (Karin)

_____

5. Lesen alle Studenten diese Zeitung? (du)

_____

6. Schlaft ihr bis neun? (er)

_____

7. Wisst ihr, wie er heißt? (Gisela)

_____

8. Warten wir bis zehn? (er)

_____

9. Essen wir Pommes frites? (Oliver)

_____

10. Wir laufen durch den Wald. (Horst)

_____

C. Give the definite article and plural forms of the following nouns.

BEISPIEL: _____ Buch / die _____

das Buch / die _Bücher_

1. _____ Schule / die _____

2. _____ Hemd / die _____

3. _____ Mutter / die _____

4. _____ Schuh / die _____

5. _____ Sprache / die _____

6. _____ Freund / die _____

7. _____ Freundin / die _____

8. _____ Bruder / die _____

9. _____ Schwester / die _____

10. _____ Klischee / die _____

11. _____ Sohn / die _____

12. _____ Tochter / die _____

13. _____ Haus / die _____

14. _____ Zeitung / die _____

15. _____ Beruf / die _____

16. _____ Land / die _____

17. _____ Stuhl / die _____

18. _____ Frau / die _____

19. _____ Lehrer / die _____

20. _____ Lehrerin / die _____

D. Answer the following questions negatively.

1. Bist du immer müde? _____

2. Wohnt ihr bei den Eltern zu Hause? _____

3. Ist sie Studentin? _____

4. Kennst du eigentlich meine Schwester? _____

5. Wollt ihr nächsten Sommer in die Schweiz? _____

6. Kaufst du heute Lebensmittel ein? _____

7. Brauchen wir Euros? _____

8. Hast du Angst? _____

E. Fill in the blank with the correct article or correct ending. Some blanks may need to be left empty.

1. Mein_____ Freunde haben morgen kein_____ Zeit.

2. Für _____ Fernseher habe ich im Moment kein _____ Geld.

3. Ihr_____ Sohn habe ich sehr gern.

4. Hoffentlich hast du nichts gegen mein _____ Bruder.

5. Kaufst du etwas für unser _____ Essen morgen?

6. Leider kann ich morgen nicht mit mein _____ Freund _____ ins Kino.

7. Ich gebe _____ Kinder _____ eine Brezel.

8. Ich kenne Ihr _____ Familie noch nicht.

9. Mein _____ Vater und mein _____ Mutter sind jetzt zu Hause.

10. Am Sonntag rufe ich mein _____ Cousin in Berlin an.

F. Fill in the blanks with the correct pronouns or possessive adjectives.

1. Das ist nicht _____ Buch. (*her*)

2. Kennst du _____ gut? (*her*)

3. Geht _____ jetzt nach Hause? (*you*, pl.)

4. Ich möchte _____ Freunde besuchen. (*his*)

5. Das kann nicht _____ Vater sein. (*her*)

6. _____ Vater kenne ich leider noch nicht. (*her*)

7. Ich kann _____ die Mensa zeigen. (*you*)

8. Sind das _____ Kinder, Frau Overholzer? (*your*)

9. Ist _____ Freund Amerikaner, Herr König? (*your*)

10. Ich will _____ morgen sehen. (*them*)

11. Vielleicht können wir _____ eine Postkarte schreiben. (*her*)

12. Dieses Wochenende koche ich _____ ein Essen. (*them*)

G. Wie sagt man das auf Deutsch?

1. I like you a lot.

_____

2. Would you like to go swimming?

_____

3. Don't you like my friends?

_____

4. I like to hike.

_____

5. I'd like to be alone.

_____

6. I do not like the climate.

_____

7. I like to be alone.

_____

KAPITEL 6

An der Universität

A. Complete this conversation between Christa and Hans-Jörg by supplying the correct forms of the verb **sein** in the simple past tense.

CHRISTA: Wo _____ ihr gestern Abend? Ich habe bei euch angerufen, aber niemand

_____ da.

HANS-JÖRG: Ja, gestern Abend _____ wir bei Freunden. Wir haben bei ihnen gegessen.

_____ du eigentlich gestern Abend zu Hause?

CHRISTA: Ja, leider. Mein Freund ist im Moment nicht da und ich _____ dann allein

zu Hause. Herbert und Katrin _____ auch nicht zu Hause. Na ja, ich habe

ein bisschen ferngesehen und bin einfach früh schlafen gegangen.

HANS-JÖRG: Nachher haben wir dann unseren Wagen nicht mehr gefunden. Er _____

einfach nicht mehr auf der Straße! Dann sind wir zu Fuß nach Hause gegangen.

B. Give the auxiliary + past participle and the English equivalent for the following **weak** verbs.

machen	*hat gemacht*	*to make, do*
reisen	*ist gereist*	*to travel*
studieren	_____	_____
besuchen	_____	_____
frühstücken	_____	_____
verdienen	*hat verdient*	_____
glauben	_____	_____
aufmachen	*hat aufgemacht*	_____

wandern	_____	_____
legen	_____	_____
zumachen	_____	_____
meinen	_____	_____
hassen	_____	_____
abholen	_____	_____
regnen	*hat geregnet*	*to rain*
arbeiten	_____	_____
kaufen	_____	_____
warten	_____	_____
hören	_____	_____
kosten	_____	_____
aufhören	_____	_____
berichten	_____	_____

C. Ilke Schöller hat heute viel zu tun, und sie hat noch nicht alles gemacht. Complete the sentences below with the verb in the perfect tense. Note that some of the verbs are strong and some weak.

√ Lebensmittel einkaufen

mit Hausaufgaben beginnen

√ die Eltern anrufen

einen Roman lesen

√ meinem Bruder schreiben

eine Stunde schwimmen

mit Prof. Klemm sprechen

√ NICHTS vergessen!

Was habe ich schon gemacht?

1. Die Lebensmittel für das Wochenende _____ ich schon _____.

2. Mit meinen Hausaufgaben _____ ich noch nicht _____.

3. Ich _____ meine Eltern schon _____.

4. Ich _____ noch nicht eine Stunde _____.

5. Den Roman _____ ich auch noch nicht _____.

6. Meinem Bruder _____ ich schon _____.

7. Ich _____ noch nicht mit Professor Klemm _____.

8. Ich _____ auch hoffentlich nichts _____!

D. Complete the sentences with the auxiliary (**sein** or **haben**) and past participle of the verb in parentheses. Some of the verbs are weak and some are strong.

BEISPIEL: (sein) Stephanie _____ noch nie in Berlin _____.

Stephanie __*ist*__ noch nie in Berlin _*gewesen*_.

1. (kaufen) Wir _____ im November ein Haus _____.

2. (laufen) Die Frau _____ schnell ins Haus _____.

3. (heißen) Der Junge in unserer Gruppe _____ Otto _____.

4. (kosten) Das Essen _____ uns eigentlich zu viel _____.

5. (schreiben) _____ du deinen Eltern schon einen Brief _____?

6. (besitzen) Wir _____ noch nie ein Auto _____.

7. (bleiben) _____ Sie am Wochenende zu Hause _____?

8. (anfangen) _____ ihr mit den Hausaufgaben für morgen schon _____?

9. (ankommen) Ich _____ erst am Mittwoch in Freiburg _____.

10. (beschreiben) Er _____ uns sein Leben als Austauschstudent _____.

E. **Zwei Kollegen sprechen über eine Urlaubsreise.** Fill in the appropriate form of the auxiliary verbs **haben** or **sein** in the following dialogue.

1. „Wie _____ euer Urlaub *gewesen*? Wohin _____ ihr *gereist*?"

2. „Ich _____ eine Woche nach Rom *geflogen,* aber meine Frau _____ leider zu

   Hause *geblieben*."

3. „Was _____ du in Rom allein *gemacht*?"

4. „Ich _____ meinen Cousin *besucht* und wir _____ jeden Abend ins Theater

gegangen."

5. „_____ du nicht vor 20 Jahren (*20 years ago*) als Student bei ihm *gewohnt*?"

6. „Ja, ich _____ ein Zimmer bei ihm *gehabt* und _____ oft mit ihm zusammen

gewesen. Jetzt _____ er ziemlich alt *geworden,* aber er geht noch gerne in der Stadt

spazieren."

F. Complete each sentence with the perfect tense form of the appropriate verb. The four verbs belong
to the group of "mixed verbs."

bringen • mitbringen • kennen • wissen

1. _____ dieser Journalist immer schon viel über das Land _____?

2. Mein Kollege _____ mir heute Morgen eine Tasse Kaffee _____.

3. Meine Freundin _____ ihre Großeltern nie _____.

4. Wir _____ euch Bilder von unserer Ferienreise _____.

5. Entschuldigung, das _____ ich nicht _____.

G. Jeden Morgen holen Erika und Georg ihre Freundin Barbara ab und sie fahren zusammen zur Uni.
Heute morgen hat Barbara ihre Armbanduhr vergessen, also muss sie schnell zurück ins Zimmer.
Wo sucht sie ihre Uhr?

Answer the questions with an appropriate phrase.

zur Uni	im Auto	ins Haus
hinter der Mensa	am Fenster	am Schreibtisch
auf den Schreibtisch	auf dem Stuhl	unter dem Schreibtisch

1. Wo warten Erika und Georg?

_____

2. Wohin fahren sie jeden Morgen?

_____

3. Wo kann man dort parken?

_____

4. Wohin läuft Barbara?

_____

5. Wo steht der Schreibtisch?

_____

6. Wo hat Barbara gestern Abend gearbeitet?

_____

7. Wo sucht Barbara ihre Uhr?

_____

8. Wo liegen ihre Kleider?

_____

9. Wohin hat sie denn ihre Uhr eigentlich gelegt?

_____

H. Complete each sentence with the correct form of the words in parentheses. Contract the preposition with the definite article wherever possible.

BEISPIEL: Eva geht heute Abend in _____. (das Kino)

Eva geht heute Abend in*s Kino____*.

1. Gehen wir morgen in _____! (die Stadt)

2. Wir haben unsere Bücher dort auf _____ gelegt. (der Tisch)

3. Meine Cousine hat ein Haus in _____. (die Berge)

4. Ich studiere an _____. (die Universität Tübingen)

5. In den Ferien fahren wir an _____. (das Meer)

6. Alle sind schnell an _____ gelaufen. (das Fenster)

7. Neben _____ steht das Studentenwohnheim. (die Mensa)

8. Ist der Platz hinter _____ frei? (du)

9. Du kannst neben _____ sitzen. (wir)

10. Arbeitet er noch in _____? (die Stadt)

11. Wie lange sitzt du schon an/am _____? (der Schreibtisch)

12. Die Zeitung bringe ich immer in _____ mit. (das Büro)

13. Wir sind eine Stunde in _____ geblieben. (die Bibliothek)

14. Warte bitte vor _____! (die Tür)

15. Können Sie uns die Uni auf _____ zeigen? (diese Postkarte)

I. Form questions with **wo**, **wohin**, or **woher** to fit the following answers.

BEISPIELE: *Wo liest sie heute Abend?* Ulla liest heute Abend in der Bibliothek.

Wohin will sie morgen? Sie will morgen in die Stadt.

1. _____? Ich gehe jetzt in die Mensa.

2. _____? Sie haben eine Stunde im Auto gewartet.

3. _____? Herr Ziegler ist nach Nordamerika geflogen.

4. _____? Unsere Kinder spielen oft hinter dem Haus.

5. _____? Die Touristen kommen aus Dänemark.

6. _____? Du kannst deinen Mantel auf den Stuhl legen.

J. Fill in the blank with the phrase cued in English. Use the appropriate dative or two-way preposition with contractions wherever possible.

BEISPIEL: Heinrich geht schon wieder _____.
    (to the movies)
    Heinrich geht schon wieder ___ins Kino___.

1. Unsere Familie fährt oft _____.
    (to Berlin)

2. Komm doch mit _____!
    (to the library)

3. Sie will nur schnell _____ .
   (to the store)

4. Hat dein Vater auch _____ studiert?
   (at the University of Freiburg)

5. Legen wir alle Bücher _____ !
   (on the desk)

6. Ihr sollt _____ fahren!
   (to the ocean)

7. Mein Bruder arbeitet seit einem Jahr _____ .
   (in a bakery)

8. Wie lange bleiben Sie hier _____ ?
   (in the city)

9. Jeden Tag steht sie_____ und wartet.
   (at the window)

10. Im September haben wir drei Wochen _____ gewohnt.
    (in the hotel)

K. Supply the definite article and singular N-noun endings.

BEISPIEL: Sprichst du mit _____ Journalist_____?

Sprichst du mit _*dem*_ Journalist*en* ?

1. Fragen wir _____ Herr_____ da drüben; vielleicht weiß er, wo die Uni ist.

2. Dies_____ Student_____ sehe ich jeden Tag in der Vorlesung.

3. Können Sie bitte _____ Tourist_____ die Straße zeigen?

4. Ich habe _____ Kunde_____ diesen Stuhl verkauft.

5. Ich kenne dies_____ Mensch_____ , glaube ich.

6. Wir kaufen immer gern bei _____ Bauer_____ ein.

L. Rewrite the sentences from exercise K above. This time make the N-nouns plural.

BEISPIEL: *Sprichst du mit den Journalisten?*

1. _____

2. _____

3. _____

4. _____

5. _____

6. _____

M. Give an account of your last vacation, using the perfect tense and your choice of the vocabulary provided. A possible answer for the first sentence is provided. You may use it or write your own.

1.

im Winter	reisen	langsam	durch	Berge
im Juli	in Urlaub fahren	zwei Wochen	an	Bodensee
im Sommer		eine Woche lang	nach	Süddeutschland

Im Sommer sind wir eine Woche lang durch Süddeutschland gereist.

_____

2.

am Wochenende	besuchen	Tante	in	Freiburg
zwei Tage lang	fahren	Freunde	an	die Donau
			in	das Rheintal

_____

3.

spazieren gehen	Bodensee	und es	schneien
campen	Donau		regnen
wandern	Schwarzwald		warm sein
schwimmen	Berge		furchtbar kalt sein

_____

4.

leider	ausgeben	zu viel Geld	fürs Hotel
Gott sei Dank		nicht zu viel Geld	fürs Essen
			für Postkarten

_____

5.

ich	schicken	Bruder	Postkarte	von der Donau
wir	schreiben	Freundin	Brief	aus Freiburg
		Professor		aus Konstanz

_____

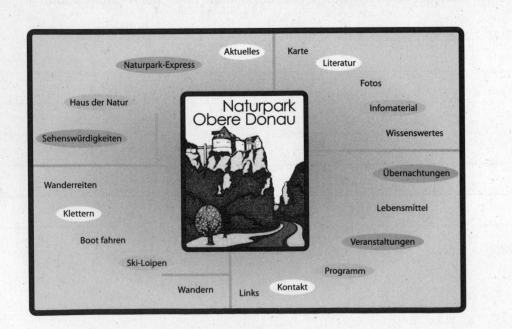

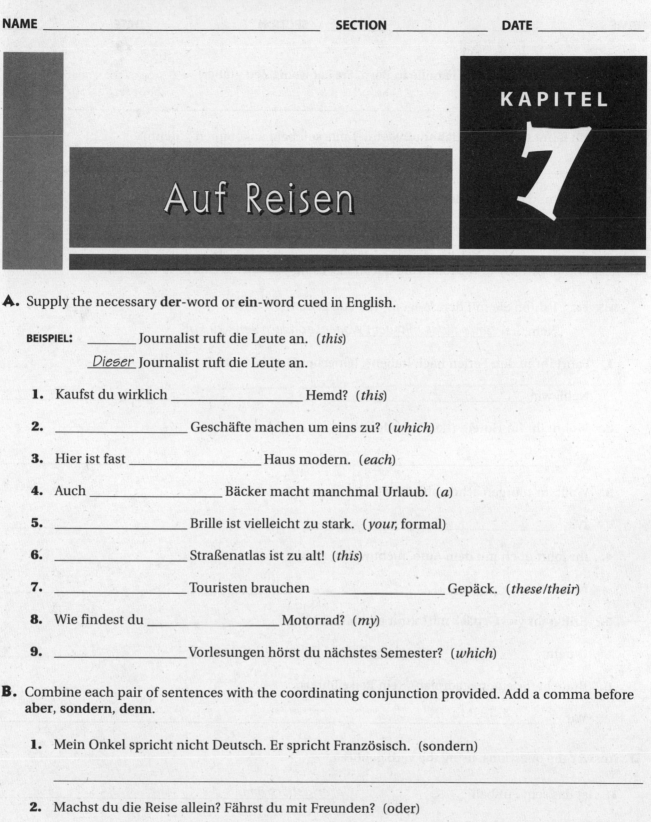

KAPITEL

7

Auf Reisen

A. Supply the necessary **der**-word or **ein**-word cued in English.

BEISPIEL: _____ Journalist ruft die Leute an. (*this*)

Dieser Journalist ruft die Leute an.

1. Kaufst du wirklich _____ Hemd? (*this*)

2. _____ Geschäfte machen um eins zu? (*which*)

3. Hier ist fast _____ Haus modern. (*each*)

4. Auch _____ Bäcker macht manchmal Urlaub. (*a*)

5. _____ Brille ist vielleicht zu stark. (*your*, formal)

6. _____ Straßenatlas ist zu alt! (*this*)

7. _____ Touristen brauchen _____ Gepäck. (*these*/*their*)

8. Wie findest du _____ Motorrad? (*my*)

9. _____ Vorlesungen hörst du nächstes Semester? (*which*)

B. Combine each pair of sentences with the coordinating conjunction provided. Add a comma before **aber, sondern, denn.**

1. Mein Onkel spricht nicht Deutsch. Er spricht Französisch. (sondern)

_____

2. Machst du die Reise allein? Fährst du mit Freunden? (oder)

_____

3. Meine Schwester studiert in Saarbrücken. Sie sucht noch ein Zimmer. (und)

_____

4. Sie besucht gern ihre Familie in Bern. Sie hat wenig Zeit. (aber)

_____

5. Ich fahre sofort zum Bahnhof. Meine Tante soll bald ankommen. (denn)

_____

6. Sie fahren nicht mit dem Zug. Sie fahren mit dem Wagen. (sondern)

_____

C. Respond negatively to the following questions, using **sondern** to express a contrast.

BEISPIEL: Fahren Sie mit dem Wagen? (zu Fuß gehen)

Nein, ich *fahre nicht mit dem Wagen, sondern gehe zu Fuß.*

1. Fahrt ihr in den Ferien nach Italien? (Griechenland [= *Greece*])

Nein, wir _____

2. Wohnt ihr im Hotel? (bei Freunden)

Wir _____

3. Wollt ihr morgen schon abfahren? (am Samstag)

Wir _____

4. Ihr fahrt doch mit dem Auto, nicht wahr? (Zug)

Nein, wir _____

5. Bringt ihr viel Gepäck mit? (nur einen Koffer)

O nein, _____

6. Braucht ihr einen Stadtplan? (ein Reiseführer)

Wir _____

D. Answer the questions, using the verb **gehören**.

1. Ist das sein Fußball?   *Ja, er gehört ihm.* _____

2. Sind das eure Hefte?   _____

3. Ist das mein Wörterbuch?   _____

4. Frau Brinker, ist das Ihre Uhr? _____

5. Hans und Inge, sind das eure Pullis? _____

6. Julia ist hier. Ist das ihr Wagen? _____

7. Sind das deine Koffer? _____

8. Ist das Richards Ausweis? _____

9. Ist das Ihr Mantel, Herr Grimmling? _____

E. Respond negatively to the following questions, using pronouns in your answers.

BEISPIEL: Gehört dir das Buch?

Nein, *es gehört mir nicht.*

1. Gefällt Ihnen mein Plan? / Nein, _____

_____

2. Hilft dir deine Freundin bei der Arbeit? / Nein, _____

_____

3. Haben Sie diesem Menschen schon gedankt? / Nein, _____

_____

4. Gehört Frau Sedelmayer das Geschäft? / Nein, _____

5. Willst du deinem Vater antworten? / Nein, _____

_____

6. Glauben Sie unserem Chef noch? / Nein, _____

7. Ist dir das Wasser heute zu kalt? / Nein, _____

_____

8. Macht Ihnen diese Arbeit noch Spaß? / Nein, _____

_____

F. Use one of the expressions with the personal dative from the list to complete the answers to the following questions.

BEISPIEL: Sitzt du immer noch am Computer?

Ja, dieses Computerspiel *macht mir Spaß.*

zu heiß sein • zu kalt sein • zu langweilig sein •
zu teuer sein • gut gehen • Leid tun • Spaß machen

1. Bleibt ihr nicht bei der Party?

   Nein, sie _____

2. Ist dein Bruder noch krank?

   Nein, es _____

3. Möchten Sie das tolle Kleid aus Paris?

   Nein danke, _____

4. Machen deine Eltern diesen Sommer Urlaub in Italien?

   Nein, es _____

5. Geht ihr heute gar nicht ins Wasser?

   Nein, lieber nicht. Es _____

6. Können Sie mir einen Moment helfen?

   _____ , aber ich habe keine Zeit.

G. Complete each sentence with the correct form of the appropriate verb from the list below.

sitzen • setzen • hängen • liegen • legen • stellen • stehen

1. In den Ferien kann ich bis 9 Uhr im Bett _____ bleiben.

2. Seit zwei Stunden _____ Paul und Renate zusammen am Tisch und quatschen miteinander.

3. Kannst du bitte den Stuhl neben den Schreibtisch _____?

4. Er _____ das Kind auf den Stuhl.

5. Soll ich das Bild hier an die Wand _____?

6. _____ die Flasche noch auf dem Tisch?

7. _____ Sie Ihren Mantel aufs Bett, bitte.

H. Help your friend organize her room by telling her where to put things. Use **legen**, **stellen**, or **hängen**, the cues below, and a prepositional phrase. The first sentence has been done for you.

Weinflasche / auf / Tisch ...   Pullover / auf / Tisch ...   Hefte / auf / Schreibtisch ...
Foto / an / Wand ...   Schuhe / unter / Tisch ...   Bücher / in / (das) Bücherregal ...
Bild / über / Bett ...   Hemd / auf / Pullover ...   Wörterbuch / auf / Schreibtisch ...
Mantel / auf / Stuhl ...   Postkarten / über / Schreibtisch ...

Stell die Weinflasche auf den Tisch! _____

_____

_____

_____

_____

_____

_____

_____

_____

I. Answer the questions, using the time shown on the clock faces.

BEISPIEL: Um wie viel Uhr fängt die Vorlesung an?

Die Vorlesung fängt um zwanzig Minuten vor acht an.

1. Wann beginnt das Konzert? (PM: *use 24-hour system*)

_____

2. Entschuldigung, können Sie mir bitte sagen, wie spät es ist?

_____

3. Ist es schon halb zwei?

_____

4. Um wie viel Uhr fährt heute Abend Ihr Zug? (PM: *use 24-hour system*)

_____

5. Wann kommt dein Bruder an? (PM: *use 24-hour system*)

_____

J. Complete the following conversations, making sure each sentence leads logically to the next one. You may use vocabulary from **Wortschatz 2**.

Am Bahnhof:

– Ich suche den Zug nach Leipzig. Können Sie mir bitte helfen?

– _____

– Alles klar. Vielen Dank!

– _____

Im Kino:

– Entschuldigung. Ist der Platz neben Ihnen noch frei?

– _____

– Es macht nichts!

In der Mensa:

– Tag, Thorsten. Dich habe ich schon lange nicht mehr gesehen!

– _____

– _____

– Ja, ich habe Glück gehabt! Ich habe einen Platz in einer Wohngemeinschaft bekommen.

– _____

– _____

– Einverstanden!

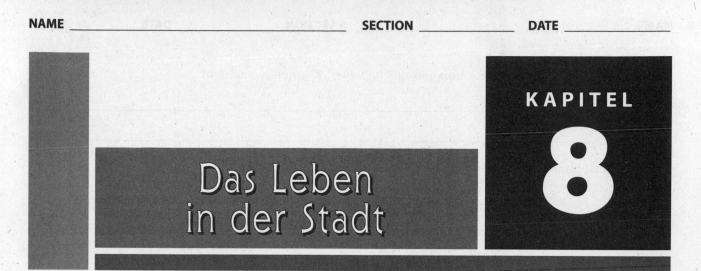

KAPITEL 8

Das Leben in der Stadt

A. Complete the sentences by supplying the appropriate conjunction in German.

1. Ich weiß nicht, _____ ich heute in die Stadt fahre. (*whether*)

2. Es gibt zu viel Verkehr auf der Straße, _____ ich vor 12.00 Uhr einkaufen gehe. (*if*)

3. Glaubst du, _____ wir genug im Haus haben? (*that*)

4. _____ Zieglers heute Abend kommen, brauchen wir eine Flasche Wein. (*if*)

5. Es ist möglich, _____ sie Wein mitbringen. (*that*)

6. Weißt du, _____ sie auch zum Abendessen kommen? (*whether*)

7. _____ wir keine Wurst haben, muss ich schnell zum Laden. (*since*)

8. Ich meine, _____ wir auch noch Käse brauchen. (*that*)

B. Join each pair of sentences using the German conjunction indicated. Remember that a subordinating conjunction changes the word order of the clause it introduces.

1. (*since*) Wir brauchen noch Leberwurst und Kartoffeln für Samstagabend. Wir müssen heute einkaufen gehen.

_____

_____

2. Sollen wir ein Glas Bier trinken? (*or*) Hast du schon Kaffee bestellt?

_____

_____

3. Ich habe eigentlich keinen Hunger. (*because*) Ich habe gerade gegessen.

_____

_____

4. Haben Sie den Kellner schon gefragt? (*whether*) Können wir zahlen?

_____

_____

5. Wartet bitte vor der Mensa. (*if*) Ihr wollt nachher mitkommen.

_____

_____

C. Complete the answers to the following questions about your parents' visit.

BEISPIEL: Besuchen uns deine Eltern am Wochenende?

Ich weiß nicht, _ob sie uns besuchen_ .

1. Kommen sie schon am Freitagabend?

Sie wissen nicht, ob _____.

2. Können sie die Straßenbahn nehmen?

Mein Vater meint, dass _____.

3. Kommen sie am Samstag mit uns ins Konzert?

Ja, ich glaube, dass _____.

4. Bringen sie auch deine Großmutter mit?

Meine Mutter ist nicht sicher, ob _____

_____.

5. Warum fahren sie nicht mit dem Wagen?

Ich weiß nicht, warum _____.

D. Complete the sentences, using the cues in parentheses to form a subordinate clause in the perfect tense.

BEISPIEL: Weißt du, (wie viel / Geld / du / ausgeben) ?

Weißt du, _wie viel Geld du ausgegeben hast_ ?

1. Wissen Sie, (ob / Zug / schon / abfahren) ?

_____

2. Die Kellnerin weiß, (dass / wir / noch nicht / bestellen) .

_____

3. Niemand glaubt, (wie viel / Geld / wir / für / unsere Reise / brauchen) .

_____

4. Jetzt habe ich vergessen, (wo / wir / aussteigen) .

_____

5. Ich kann euch nicht sagen, (wo / Erika / gestern / sein) .

_____

6. Ich habe Sie noch nicht gefragt, (ob / Ihnen / Essen / schmecken) .

_____

E. Supply the correct infinitive construction with **zu**, **um ... zu**, or **ohne ... zu**.

> **BEISPIEL:** Dürfen wir schon anfangen _____ ? (essen)
>
> Dürfen wir schon anfangen _zu essen_ ?

1. Ein Zimmer ist zur Zeit sicher schwer _____ . (finden)

2. Hast du jetzt Zeit ihn _____ ? (anrufen)

3. Rolf wartet vor der Tür, _____ mit dem Professor

_____ . (sprechen)

4. Wir gehen heute wieder zurück, _____ die Altstadt

_____ . (besuchen)

5. Man darf nicht mit dem Bus fahren, _____ . (zahlen)

6. Warum haben Sie aufgehört _____ ? (schreiben)

7. Herr Müller muss früh aufstehen, _____ den Laden

_____ . (aufmachen)

8. Unsere Freunde finden es schön im Wald _____ .
(spazieren gehen)

F. Rewrite each sentence as an infinitive phrase. Begin with the new clause supplied.

> **BEISPIEL:** Sie schreibt ein Referat.
>
> Sie hat angefangen _ihr Referat zu schreiben_ .

1. Ich mache meine Hausaufgaben.

Ich habe keine Lust _____ .

2. Er schreibt seinen Eltern einen Brief.

Er fängt heute Abend an _____.

3. Sie spricht über die Familie in Amerika.

Die Soziologin hat heute Zeit _____.

4. Ich sehe euch bald wieder.

Ich hoffe _____.

5. Ich habe meinen Studentenausweis nicht mitgebracht.

Ich habe vergessen _____.

6. Wir müssen die Stühle auf die Tische stellen.

Könnt ihr uns helfen _____?

G. Complete the sentences, expressing the phrases in parentheses with the genitive in German.

BEISPIEL: _____ ist nicht neu. (*his father's car*)

Das Auto seines Vaters ist nicht neu.

1. Dieser Junge ist _____. (*my brother's friend*)

2. Weißt du vielleicht _____? (*the names of his sisters*)

3. Sucht ihr immer noch _____? (*Karin's student I.D.*)

4. Wir haben gestern _____ an der Uni gesehen. (*a girlfriend of yours:* **von** + *dative*)

5. Heute kommt _____ zu uns. (*a friend of my brother's*)

6. Am _____ fahren wir mit dem Zug nach Bern. (*at the end of the year*)

7. Tante Irene ist _____. (*my mother's sister*)

H. Fill in the blanks with the correct form of the noun in parentheses.

1. Mein Freund aus England will uns während _____ besuchen. (die Ferien)

2. Kauf doch einen Rucksack statt _____. (ein Koffer)

3. Wir sind wegen _____ zu Hause geblieben. (das Wetter)

4. Warum baut man nicht eine Jugendherberge anstatt _____? (ein Hotel)

5. Trotz _____ müssen unsere Freunde sofort abfahren. (der Schnee)

6. Wegen _____ können wir leider erst am Samstag fahren.
(meine Arbeit)

7. Wo haben Sie während _____ gewohnt? (das Semester)

I. Help some young German-speaking friends find their way around the city by telling them where to go for what they need. Your answer will include **zu** or **in** and the appropriate word from the list. This exercise includes vocabulary from **Wortschatz 2**.

zu + ...   *in +* ...
Post   Kino
Buchhandlung   Restaurant
Bahnhof   Kirche
Jugendherberge   Altstadt
                   Museum
                   Mensa

BEISPIEL: Wir möchten ein paar Bücher kaufen.

Dann geht doch _zur Buchhandlung_ !

1. Wohin kann man gehen, um Kunst zu sehen?

Geht _____!

2. Wo können wir einen Einkaufsbummel machen?

Geht doch _____!

3. Wir brauchen Zuginformationen.

Dann geht doch _____!

4. Wohin kann man abends gehen, um etwas zu essen?

Geht doch _____!

5. Wohin geht man, wenn man billig übernachten will?

Geht _____.

6. Können wir morgen an der Uni essen?

Ja, natürlich! Geht doch _____!

J. Explain what the Königs did the first day they were in Köln.

7.30	aufstehen	13.30–15.00	Stadtbummel durch Köln machen
9.00	mit der Bahn in die Stadt	15.00–17.30	bei Tante Maria Kaffee trinken
10.30	Museum	20.00	Konzert
12.30–13.30	Mittagessen		

1. Um wie viel Uhr sind sie aufgestanden?

_____

2. Was haben sie vormittags (*in the morning*) gemacht?

_____

3. Was haben sie um halb elf gemacht?

_____

4. Wie viel Zeit haben sie für das Mittagessen gehabt?

_____

5. Was haben sie nach dem Mittagessen gemacht?

_____

6. Wen haben sie am Nachmittag besucht?

_____

7. Um wie viel Uhr hat das Konzert angefangen?

_____

K. What phrases have you learned? How might you answer the following questions? Use appropriate prepositions (**an**, **in**, **nach**, **zu**).

Wohin möchten Sie in den Ferien?   *Wo müssen Sie jeden Tag hin?*

1. _____ans Meer_____   Meer   **2.** _____zur Uni_____   Uni

_____   Berge   _____   Labor

_____   die Schweiz   _____   Laden

_____   Dresden   _____   Mensa

_____   der Bodensee   _____   Büro

_____   Frankreich   _____   Bibliothek

_____   Großeltern   _____   Bäcker

_____   Ausland

Wohin gehen Sie gern in Ihrer Freizeit?

3. <u>zu Annette</u>_____ Annette

_____ Kino

_____ Kneipe

_____ Freunde

_____ Konzert

_____ Buchhandlung

_____ Stadt

L. **In der Konditorei.** What is the conversation taking place in each picture? Arrange the lines as they would fit in the appropriate speech balloons. This exercise uses vocabulary from **Vokabeln zum Thema**.

Mit Sahne?

Wir möchten zahlen, bitte.

Guten Tag. Was darf's sein, bitte?

Wie schmeckt es dir?

Zwei Tassen Kaffee, bitte, und ein Stück Kuchen.

Gerne, es sieht gut aus.

Bitte schön. Das macht zusammen € 7,60

Sehr gut. Möchtest du ein bisschen probieren (*try*)?

Ja, bitte.

Bild 1

1. _____

2. _____

3. _____

4. _____

Bild 2

5. _____

6. _____

7. _____

Bild 3

8. _____

9. _____

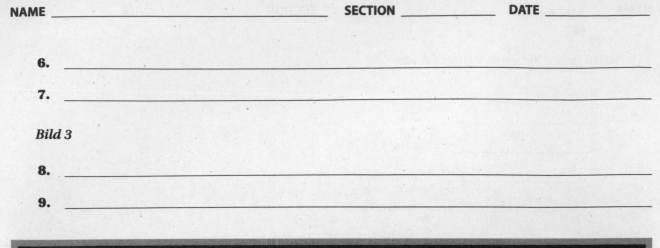

* * * *Kur-Café Restaurant Konditorei Reit im Winkl* * * *

Appartement Ferienwohnung Zimmer

Sahnetorten

HOLLÄNDER SAHNESCHNITTE	2,40 €
SCHWARZWÄLDER SAHNETORTE	2,40 €
KÄSESAHNETORTE	2,40 €
SCHOKOSAHNETORTE (1)	2,40 €
ORANGENSAHNEROLLE	2,40 €
WINDBEUTEL gefüllt mit Sahne und Früchten	2,40 €
EIERLIKÖR SAHNETORTE (1)	2,40 €
MARACUJA SAHNETORTE	2,40 €
JOGHURT SAHNETORTE mit Fruchtzucker gesüßt	2,40 €

Kuchen

HIMBEERKUCHEN mit Joghurtsahne gefüllt	2,40 €
NUSSKUCHEN mit Rum getränkt (1)	1,80 €
SCHWÄBISCHER APFELKUCHEN	2,10 €
KÄSEKUCHEN mit Streusel	1,80 €
MARMORKUCHEN (1)	1,80 €
NUSSECKE mit Haselnüssen (1)	1,60 €
FLORENTINER mit Schweizer Schokolade	1,60 €
APFELSTRUDEL mit Nüssen und Rosinen	2,10 €
BIENENSTICH mit Vanillesahne gefüllt	2,40 €
PORTION SAHNE	0,90 €

*Weitere reichhaltige Auswahl am Kuchenbüfett im Laden
bitte treffen Sie dort Ihre Wahl*

Alle Kuchen und Torten stammen aus der eigenen Konditorei

(1) enthält Fettglasur

KAPITEL 9

Unsere Umwelt

A. In the conversational exchanges below, fill in the blanks with the correct adjective endings.

Nominative case: singular

1. Welcher Fernseher gefällt dir?   Dies_____ klein_____ Fernseher.

2. Welches Fahrrad gehört Ihnen?   Dies_____ weiß_____ Fahrrad.

3. Welche Kamera gefällt euch?   Dies_____ deutsch_____ Kamera.

Accusative case: singular

4. Welchen Mantel kaufst du?   Dies_____ teur_____ Mantel.

5. Welches Hemd trägst du?   Dies_____ dunkl_____ Hemd.

6. Welche Tasche nimmst du?   Dies_____ schwarz_____ Tasche.

Nominative / accusative case: plural

7. Welche Filme spielen bei euch?   Dies_____ alt_____ deutsch_____ Filme.

8. Welche Romane lest ihr jetzt?   Dies_____ toll_____ modern_____ Romane.

9. Welche Zeitungen verkaufen Sie?   Dies_____ griechisch_____ Zeitungen.

B. Complete the sentences with the adjectives cued in English. All the adjectives here follow **ein**-words. Don't forget adjective endings.

1. Abends trinke ich gern ein _____ Bier. (*cold*)

2. Letzte Woche habe ich in diesem Restaurant ein _____ Schnitzel gegessen. (*good*)

3. Der neunte November ist ein _____ Tag für Deutschland. (*important*)

4. Heute fahren wir durch Weimar, eine _____ _____ Stadt im Osten (*interesting, old*)

5. Diesen Winter brauche ich einen _____ Mantel. (*warm*)

6. Unsere _____ Wohnung ist in einem _____ Gebäude.
(*new; beautiful*)

7. Ein _____ Sportwagen kostet mir zu viel. (*German*)

8. Auf einer _____ Landkarte kann man auch unser _____
Dorf sehen. (*large; small*)

C. You are asking your friend's opinion. Complete your question and your friend's answer with the correct
adjective endings.

> **BEISPIEL:**   Wie findest du mein*en* groß*en* Koffer?
>
> Nicht schlecht, aber dies*er* klein*e* Koffer gefällt mir besser.

1. Wie gefällt dir mein braun_____ Mantel?

Nicht schlecht, aber dieser blau_____ Mantel gefällt mir besser.

2. Wie findest du mein neu_____ Fahrrad?

Nicht schlecht, aber mir gefällt dieses alt_____ Fahrrad besser.

3. Wie findest du meine grau_____ Hose?

Nicht schlecht, aber diese bunt_____ Hose gefällt mir besser.

4. Wie gefallen dir meine gelb_____ Turnschuhe?

Nicht schlecht, aber ich finde diese weiß_____ Turnschuhe besser.

D. Complete the sentences with the appropriate form of the limiting words and adjectives in parentheses.

> **BEISPIEL:**   Wann hast du _____ _____ Zweitwagen verkauft?
> (dies-)   (alt-)
>
> Wann hast du *diesen*   *alten* Zweitwagen verkauft?

1. _____ _____ Container ist schon voll.
(Dies-)   (groß-)

2. Was machen wir mit _____ _____ Flaschen?
(unser-)   (alt-)

3. _____ _____ Kleider soll man morgen vor die Tür legen?
(Welch-)   (alt-)

4. Ich sammele die _____ _____ Mäntel und Jacken der Kinder.
(alt-)   (warm-)

5. _____ _____ Supermarkt soll _____
(Jed-)   (groß-)   (dies-)

_____ Flaschen verkaufen.
(umweltfreundlich-)

Bayern LB

Frischer Wind für Südosteuropa
Neue Märkte. Neue Chancen. Eine vertraute Bank.

vertraute = *trusted*

E. Supply the correct endings for unpreceded adjectives. Fill in the missing forms.

	Kaffee (gut)	Wasser (kalt)	Milch (frisch)	Autos (umweltfreundlich)
Nom.	guter Kaffee			
Acc.				
Dat.				

Now choose the correct phrase from the table above to complete these sentences.

1. ___Guter Kaffee___ ist oft teuer.
   (Good coffee)

2. Trinkst du gern _____ zum Frühstück?
   (fresh milk)

3. Ich schwimme nicht gern in _____.
   (cold water)

4. Ohne _____ kann Herr Dallmayr nicht arbeiten.
   (good coffee)

5. Welche Fabrik baut nur _____?
   (environmentally friendly cars)

F. **Kleinanzeigen** (*Classified Ads*). Classified ads omit words to save space and money:

(I'm) selling (a) good car. → **Verkaufe guten Wagen**.

Remember: when German omits the limiting word, the attributive adjective has the primary ending. Here are two examples of classified ads from a German newspaper.

Verkaufe fast neue, italienische Jacke für großen Herrn, Tel. 8 342 412

Verkaufe grünen Schreibtisch 134 x 60 x 70 cm für € 30, Tel. 726 707

Now write out your own ads.

1. Jacke (toll, schwarz, leicht) für Frau (groß) Tel. 8 132 303

Suche _____

_____

2. Mantel (dunkel, lang, warm) für Herrn (klein) (€ 85) Tel. 848 555

Verkaufe _____

_____

3. Tisch (groß, englisch) mit 4 Stühlen (schwer) (€ 400) Tel. 8 645 911

Verkaufe _____

_____

4. Fahrrad (neu, rot) mit 2 Rädern (neu) für Frau (jung) (€ 30) Tel. 740 632

Verkaufe _____

_____

G. Use the adjectives below (or any others you have learned) to add descriptive information to the postcard. Be sure to use adjective endings where necessary.

warm • alt • klein • fremd • schön • letzt- • ganz •
groß • gut • lang • jung • blau • freundlich • grün

Liebe Familie Müller!

Meinen _____ Urlaub habe ich in einem _____ Wochenendhaus im Schwarzwald verbracht. Ihr könnt die _____ Landschaft auf dieser Karte sehen und auch die _____ Gebäude im Dorf. Das _____ Dorf liegt zwischen einer _____ Stadt und einem _____ _____ See. Ich bin mit meinen _____ Freunden aus Köln gefahren, und sie haben auch ihre Tochter mitgebracht. Während der _____ _____ Abende haben wir draußen gesessen. Das _____ Mädchen hat mit jedem _____ Menschen sprechen wollen. Bald haben uns alle Leute auf der Straße gekannt.

Viele liebe Grüße
Otto Rehhagel

Schwarzwald-Verlag GmbH, 78 Offenburg, Postfach 780 · Ges. gesch. Nr. 618

H. Supply the adjective endings in the following magazine ad for tourists in Schleswig-Holstein, the northernmost state of Germany.

Willkommen in Schleswig-Holstein!

Sie kennen das schön_____ Schleswig-Holstein noch nicht? Dann kennen Sie nicht die fantastisch_____ Kontraste zwischen dem blau_____ Meer und den grün_____ Bäumen. Noch kennen Sie nicht die klein_____ Dörfer an der lang_____ weiß_____ Küste, die herrlich_____ Luft und das mild_____ Klima. Besuchen Sie uns und lernen Sie das gesund_____ Lebenstempo unserer sympathisch_____ Einwohner kennen. Fahren Sie Rad auf unseren sicher_____, klein_____ Straßen. Suchen Sie ein wunderbar_____ Ferienland? Sie finden alles hier im nördlichsten Urlaubsland Deutschlands. Besuchen Sie unsere Website!

20 08

SCHLESWIG-HOLSTEIN-TAG
NEUMÜNSTER 11.–13. JULI
WWW.SCHLESWIG-HOLSTEIN.DE

I. Rewrite each sentence, beginning with the italicized phrase. Follow the word order rules for expressions of time, manner and place.

BEISPIEL: Morgen gehen *wir* zum Tennisplatz.

Wir gehen morgen zum Tennisplatz.

1. Morgen fahren *wir* mit den Kindern aufs Land.

_____

2. Seit März wohnt *Bernd* bei Freunden in einer Wohngemeinschaft.

_____

3. Am Montag fliege *ich* mit meinen Eltern nach Basel.

_____

4. Hier im Dorf will *Herr Becker* im Februar ein Geschäft aufmachen.

_____

5. Heute kann ich *die vielen alten Zeitungen* mit dem Wagen zum Recycling bringen.

_____

J. Complete the sentences by writing the ordinal numbers in words. Don't forget the adjective endings.

BEISPIEL: Meine Großmutter war das _____ Kind von sechs. (*3rd*)

Meine Großmutter war das _dritte_ Kind von sechs.

1. Meine Tochter hat ihr _____ Fahrrad bekommen. (*1st*)

2. Wir haben gerade ihren _____ Geburtstag gefeiert. (*8th*)

3. Am _____ Dezember bleiben alle Läden geschlossen. (*26th*)

4. Man hat mir gesagt, wir dürfen unsere Studentenausweise nur bis zum

_____ Juli benutzen. (*31st*)

5. Heute haben wir den _____ November. (*3rd*)

6. Unser _____ Eindruck war sehr positiv. (*1st*)

K. **In welchem Jahr war das?** Answer the following questions by writing out the appropriate year in words. Remember to use the phrase with the number of the year.

1483 • 1885 • 1900 • 1998 • 2005

1. Wann hat Gottlieb Daimler den ersten Fahrzeugmotor gebaut?

Im Jahre _____

2. Wann ist der deutsche Reformator Martin Luther geboren?

_____

3. Seit welchem Jahr zahlt man in Deutschland mit Euro statt mit D-Mark?

Seit dem Jahr _____

4. In welchem Jahr ist Angela Merkel die erste Bundeskanzlerin von Deutschland geworden?

_____

5. Wann ist der deutsche Philosoph Friedrich Nietzsche gestorben?

_____

L. **Plural review.** Sort the words below by category according to the plural form and supply the singular article.

Chefin	Büro	Name	Wagen	Gefühl	Stunde	Junge	Geschenk
Eindruck	Stadt	Dorf	Bild	Kellner	Gebäude	Antwort	Mutter
Glas	Mädchen	~~Kartoffel~~	Rathaus	Preis	Foto	Baum	Tag

-e
1. der Tisch,
   die Tische
	-n
	2. die Straße,
	   die Straßen
		-en
		3. die Frau,
		   die Frauen
			-
			4. der Schüler,
			   die Schüler
				-s
				5. das Hotel,
				   die Hotels

	die Kartoffel, -n			

¨
6. der Vater,
   die Väter
	¨er
	7. das Buch,
	   die Bücher
		¨e
		8. der Stuhl,
		   die Stühle
			-er
			9. das Kind,
			   die Kinder
				-nen
				10. die Studentin,
				    die Studentinnen

M. Pronoun word order. Complete the answer to each question by adding the necessary dative pronoun. You must decide which of the two positions indicated by blanks is the correct one.

> BEISPIEL: Schreibst du deinem Freund eine Postkarte?
>
> Ja, ich schreibe _____ eine Postkarte _____ .
>
> Ja, ich schreibe __ihm__ eine Postkarte.

1. Empfiehlst du mir den neuen deutschen Film?

   Ja, ich empfehle _____ den Film _____ sehr.

2. Zeigst du meiner Freundin das neue Vorlesungsverzeichnis?

   Ja, ich zeige _____ es _____ gern.

3. Soll ich euch den neuen Stadtplan von Berlin mitbringen?

   Ja, bring _____ ihn _____ mit.

4. Kaufen Sie der Chefin ein Geburtstagsgeschenk?

   Ja, wir kaufen _____ zusammen ein Geschenk _____ .

5. Verkauft euch Dieter seinen Zweitwagen?

   Ja, er will _____ ihn _____ am Semesterende verkaufen.

N. Review of question words. Write questions for which the following sentences would be appropriate answers.

1. Es ist jetzt **zwölf Uhr vierzig**.

   _____

2. Ich arbeite gern **am frühen Morgen**.

   _____

3. Herr Ziegler isst meistens **zu Hause**.

   _____

4. Der Film „Lola rennt" hat **Erika** nicht gefallen.

   _____

5. Ich frage **Sie**, Frau Langenstein.

   _____

6. Bei **Udo** gibt es heute Abend eine große Party.

   _____

7. Wir fliegen **am 17. Juni.**

_____

8. Heute ist **der erste April.**

_____

9. Das ist **mein** Handy!

_____

10. Ich fahre diesen Sommer mit dem Bus in Urlaub, **um umweltfreundlich zu reisen.**

_____

11. **Da die Menge an alternativer Energie knapp ist**, ist es wichtig, Sonnen- und Windenergie
    nicht zu verschwenden.   knapp = *in short supply*

_____

12. Jeder deutsche Haushalt produziert jährlich 13 Tonnen CO_2*.   der Haushalt = *household*
                                                                           die Tonne = *ton*

_____

Wie groß ist Ihr CO_2 – Fußabdruck?   der Abdruck = *print*

„Hoffentlich bleib' ich unter 13 Tonnen!"

*Man sagt: C O zwei.

A. Put each of the verb forms below in the appropriate box in the tables of weak and strong verbs that follow. Then fill in all the remaining boxes.

~~wohnte~~	schreiben	lernt	hielt	gehen	schwamm	arbeitet	schlafen
~~nimmt~~	fliegt	zeigte	fing an	kommt	dankt	spricht	findet
traf	passiert	dauerte	wirft	zerstörte	lösen	verschwenden	empfiehlt

	Infinitive	*er/sie—present*	*er/sie—simple past*
weak verbs	wohnen	wohnt	wohnte
strong verbs	nehmen	nimmt	nahm

B. Die Schlafmütze (*The Sleepyhead*). Complete the story, using the simple past forms of the verbs cued.

Letztes Semester _____ meine Freundin Käthe und ich zusammen eine Vorlesung
             (besuchen)

über Linguistik. Sie _____ schon um 9.15 Uhr _____ und
           (anfangen)

_____ eine Stunde. Manchmal _____ Käthe nach zehn Minuten
  (dauern)   (einschlafen)

_____ und _____ erst am Ende der Stunde wieder _____.
              (aufwachen)

Wir _____ immer zusammen, und Gott sei Dank _____ sie der
   (sitzen)   (sehen)

Professor nie. Wir _____ dann immer gleich ins Café, _____ eine Tasse
           (gehen)   (trinken)

Kaffee und Käthe _____ mich, was der Professor gesagt hatte. Einmal, als ich krank
             (fragen)

_____, _____ mich Käthe überall und _____ gar nicht
  (sein)   (suchen)   (gehen)

in die Vorlesung, weil sie Angst _____, sie würde wieder einschlafen. So eine
                       (haben)

Schlafmütze!

C. Fill in the missing phrases in the chart in the appropriate tense.

MODAL VERBS		
present tense	*simple past tense*	*perfect tense*
Ich kann fragen.	_____	_____
Sie will bestellen.	_____	_____
_____	Sie musste zahlen.	_____
_____	_____	Er hat es mitnehmen dürfen.

MIXED VERBS		
present tense	*simple past tense*	*perfect tense*
Weiß sie es?	_____	_____
_____	Sie brachte etwas.	_____
_____	_____	Hast du sie gekannt?

D. Yesterday you explored the city of Wiesbaden in Hessen. Tell about your visit, supplying the appropriate form of the verb in parentheses in the simple past.

1. Gestern _____ wir unsere alten Freunde in Wiesbaden.
   (treffen)

2. Leider _____ es den ganzen Tag sehr stark.
   (regnen)

3. Ich _____ meinen Regenmantel tragen.
   (müssen)

4. Am Nachmittag _____ unsere Freunde zusammen mit uns einen Stadtbummel
   (können)

   machen.

5. Ich _____ viel Geld _____ , aber dann _____ ich
   (mitbringen)   (wollen)

   doch nichts kaufen.

6. Am Abend _____ wir ins Kino gehen, aber unsere Freunde _____
   (wollen)   (kennen)

   den Film schon.

7. Wir _____ nicht, was wir machen _____ .
   (wissen)   (sollen)

8. Wir _____ auch sehr müde und hungrig.
   (werden)

9. Dann _____ wir wieder zu ihnen, _____ zusammen eine Pizza und
   (fahren)   (essen)

   _____ schon um elf Uhr wieder in Mainz zu Hause.
   (sein)

E. **Am Telefon.** Nicole verließ heute schon um sechs Uhr das Haus, als ihr Mann Joachim noch schlief. Um zehn Uhr stand er auf und rief sie an. Schreiben Sie ihr Gespräch (*conversation*) in ganzen Sätzen. (*Use simple past tense for **sein, haben**, and the modal verbs; for other verbs use the perfect tense.*)

JOACHIM: wo / sein / du / heute Morgen / ?

_____

ich / hören / dich / gar nicht / .

_____

NICOLE: ich / müssen / schon um sieben Uhr / bei der Arbeit / sein / .

_____

ich / haben / sehr viel / zu tun / .

_____

anrufen / jemand / für mich / ?

_____

JOACHIM: Ja, Inge / wollen / mit dir / sprechen / .

_____

sie / können / gestern / nicht / kommen / / /

_____

denn / jemand / ihr / den Geldbeutel / klauen / . (*use past perfect*)

_____

F. Join each pair of sentences, using one of the conjunctions **wenn**, **wann**, or **als** as appropriate.

BEISPIEL: Ich möchte wissen. Es ist passiert.

*Ich möchte wissen, **wann** es passiert ist.*

1. Ich weiß nicht. Du bist geboren.

_____

2. Wir trafen unsere Freunde aus Freiburg. Wir waren damals in Berlin.

_____

_____

3. Ich fahre morgen Rad. Du leihst mir dein Fahrrad.

_____

4. Es gab nicht so viel Luftverschmutzung. Unsere Großeltern waren jung.

_____

_____

5. Ich verstehe sie schlecht. Sie spricht am Telefon.

_____

6. Ich habe keine Ahnung. Sie wollen uns treffen.

_____

G. Complete the sentence with a clause in the past perfect tense. Use the cues in parentheses.

BEISPIEL: (die Post / schon / zumachen), als ich mit dem Brief dort ankam.

Die Post hatte schon zugemacht, als ich mit dem Brief dort ankam.

1. Als wir zu Hause ankamen, (der Regen / schon / anfangen).

_____

_____

2. (nachdem / wir / einen Stadtbummel / machen), wollten wir etwas essen.

_____

_____

3. (Kellnerin / den Fisch / empfehlen), aber wir bestellten nur einen Salat.

_____

_____

4. (da / Jan und Rolf / ihre Ausweise / vergessen), mussten sie den vollen Preis bezahlen.

_____

_____

5. (der Zug / schon / abfahren), als ich am Bahnhof ankam.

_____

_____

6. Ich wollte das Buch lesen, (nachdem / ich / sehen / den Film).

_____

_____

H. Which word does *not* belong in each set? (Mark one.) This exercise includes vocabulary from **Wortschatz 2**.

1. am Anfang / am Ende / auf der Treppe / im Monat / am Nachmittag

2. die Republik / das Volk / der Politiker / die Kunst / die Partei

3. geboren / der Geburtstag / wenig / die Kindheit / der Senior

4. die Ausstellung / das Bild / das Plakat / der Wähler / das Museum

5. zählen / wie viele / die Nummer / die Jugend / ein paar

6. erklären / sammeln / unterbrechen / empfehlen / eine Frage stellen

I. Describe Beate Winkler's workday from beginning to end, using the simple past tense.

aufstehen — *wann?*

Kaffee trinken — *wie viel?*

in die Stadt fahren — *wie?*

lesen wollen — *was?*

mit der Arbeit beginnen müssen — *wann?*

von einer Freundin Geld leihen müssen — *warum?*

nach dem Mittagessen spazieren gehen — *mit wem?*

in die Straßenbahn einsteigen — *wann?*

schon um 9 Uhr ins Bett gehen — *warum?*

Gestern stand Beate Winkler erst um 8 Uhr auf. Sie ... _____

_____

_____

_____

_____

_____

_____

_____

J. Sort the following expressions into the appropriate column on the next page. Some may fit in more than in one column.

nächste Woche

vom 11. bis 17. März

immer

diese Woche

AM WOCHENENDE

den ganzen Tag

jede Woche

im Jahre 1913

damals

~~schon einen Monat~~

vor vier Tagen

SELTEN

am Nachmittag

SEIT DREI JAHREN

oft

morgen Nachmittag

gleich

vorher

morgens

im April 1980

jetzt

abends

heute

dreimal

jeden Tag

UM ELF UHR

ein Semester

nachher

am Freitag

im Herbst

dieses Semester

seit gestern

EINE STUNDE

letztes Jahr

MANCHMAL

Wann?	Wie lange?	Wie oft?
	schon einen Monat	

K. **Review of use of tenses.** Circle the English phrase that best expresses the italicized phrase in the German sentence.

1. *Wie lange studierst du schon* in Tübingen?

   a. How long have you been studying ...

   b. How long are you going to be studying ...

   c. How long did you study ...

2. *Wir wohnten fünfzehn Jahre* in dem Haus.

   a. We lived ... fifteen years ago.

   b. We lived ... for fifteen years.

   c. We have been living ... for fifteen years.

3. *Als ich* an der Universität Bonn *anfing,* hatte ich keine Ahnung von Politik.

   a. When I begin ...

   b. When I have begun ...

   c. When I began ...

4. Kannst du mir bitte sagen, *was gestern passiert ist*?

   a. ... what happened

   b. ... what is going to happen

   c. ... what is happening

Circle the best German equivalent for the sentence in English.

5. *What did you see when you were there?*

   a. Was hast du gesehen, als du da warst?

   b. Was siehst du, wenn du da bist?

   c. Was hast du gesehen, wenn du da warst?

6. *We have not seen him for two years.*

   a. Wir haben ihn seit zwei Jahren nicht gesehen.

   b. Wir haben ihn vor zwei Jahren nicht gesehen.

   c. Wir sahen ihn vor zwei Jahren nicht.

7. *I have been working all afternoon.*

   a. Ich habe den ganzen Nachmittag gearbeitet.

   b. Ich arbeite schon den ganzen Nachmittag.

   c. Ich arbeitete den ganzen Nachmittag.

8. *We sat in the café for two hours.*

   a. Wir sitzen seit zwei Stunden im Café.

   b. Wir haben vor zwei Stunden im Café gesessen.

   c. Wir haben zwei Stunden im Café gesessen.

ZUSAMMENFASSUNG UND WIEDERHOLUNG

(Kapitel 6–10)

FORMS

1. Verbs

A. Perfect tense (**das Perfekt**)   pp. 151–158

1. Inflected auxiliary (**haben** or **sein**) + past participle

	auxiliary		*past participle*
Ich	**habe**	den Bahnhof	**gesucht.**
Sie	**ist**	nach Wien	**geflogen.**

2. **Sein** as auxiliary in the perfect tense   pp. 151, 154

The verb must both be *intransitive* and show *change of location or condition.*

Wir **sind** nach Hause **gegangen.**	*(change of location)*
Ich **bin** schnell **gelaufen.**	*(change of location)*
Hans **ist** groß **geworden.**	*(change of condition)*

Exceptions are **bleiben** and **sein.**

Sie **sind** zehn Tage **geblieben.**   Er **ist** oft im Ausland **gewesen.**

3. Participles of weak versus strong verbs

Past participles of weak verbs *ge-* + *stem* + *-(e)t*	
sagen	Was hast du ihm **gesagt?**
ärgern	Das hat mich **geärgert.**
reisen	Ich bin noch nie nach Europa **gereist.**
kosten	Es hat viel **gekostet.**
arbeiten	Ich habe heute viel **gearbeitet.**
regnen	Es hat den ganzen Tag **geregnet.**

p. 152

Verbs ending in **-ieren** are always weak but never add the prefix **ge-** in the past participle: p. 153

studieren	Ich habe in Freiburg **studiert.**
passieren	Was ist **passiert?**

Past participles of strong verbs *ge-* + *stem* + *-en*	
geben	Vater hat mir Geld **gegeben**.
helfen	Sie haben uns nicht **geholfen**.
fahren	Ich bin nach Deutschland **gefahren**.
trinken	Was habt ihr denn **getrunken**?
werden	Bist du nicht sehr müde **geworden**?

pp. 153, 155

The perfect stem of strong verbs is not predictable from the infinitive. Past participles must be memorized. A table of strong verbs in chapters 1–6 is on page 155, and a complete table of strong verbs used in *Neue Horizonte* is in Appendix 2 on pages 439–440.

Past participles of separable-prefix verbs *Prefix* + *ge-* + *stem*	
vorbeikommen	Bärbel ist vorbei**ge**kommen.
zumachen	Wer hat diese Tür zu**ge**macht?
mitbringen	Ich habe dir etwas mit**ge**bracht.
aufwachsen	Wo sind deine Großeltern auf**ge**wachsen?

p. 156

NOTE: Past participles of inseparable-prefix verbs have *no* **ge-**!

Das hat mich **enttäuscht**.
Hast du deinen Mantel **vergessen**?
Ich habe leider nicht **verstanden**.

Past participles of mixed verbs *ge-* + *changed stem* + *-t*	
bringen	Er hat den Brief zur Post **gebracht**.
verbringen	Wo haben Sie die Ferien **verbracht**?
kennen	Ich habe sie gut **gekannt**.
nennen	Wie hat man dich früher **genannt**?
wissen	Hast du das nicht **gewusst**?

p. 157

4. Modal verbs in the perfect tense

p. 158

auxiliary	*double infinitive*
Sie **haben** das nicht	**verstehen können**.
Sie **hat**	**mitgehen dürfen**.

B. Simple past tense (**das Präteritum**)

pp. 265–271

1. **Sein** (*to be*)

p. 150

ich	**war**	wir	**waren**
du	**warst**	ihr	**wart**
er, es, sie	**war**	sie, Sie	**waren**

Wo **wart** ihr letzte Woche?   Wir **waren** auf dem Land.

2. Weak verbs p. 265

Stem + *-te* + endings			
ich	sagte	wir	sagten
du	sagtest	ihr	sagtet
er, es, sie	sagte	sie, Sie	sagten

Stem ending in *-t* + *-ete* + endings			
ich	arbeitete	wir	arbeiteten
du	arbeitetest	ihr	arbeitetet
er, es, sie	arbeitete	sie, Sie	arbeiteten

3. Mixed verbs p. 269

Changed stem + *-te* + endings wissen, **wusste**, hat gewusst			
ich	wusste	wir	wussten
du	wusstest	ihr	wusstet
er, es, sie	wusste	sie, Sie	wussten

SIMILARLY:

bringen	→	**brachte**
mitbringen	→	**brachte mit**
verbringen	→	**verbrachte**
nennen	→	**nannte**
kennen	→	**kannte**

Modal verbs (*no umlaut in past stem*): p. 268

dürfen	→	**durfte**
können	→	**konnte**
mögen	→	**mochte**
müssen	→	**musste**
sollen	→	**sollte**
wollen	→	**wollte**

4. **Haben** and **werden** (*irregular in the simple past*) p. 269

haben, **hatte**, hat gehabt			
ich	hatte	wir	hatten
du	hattest	ihr	hattet
er, es, sie	hatte	sie, Sie	hatten

werden, **wurde**, ist geworden			
ich	wurde	wir	wurden
du	wurdest	ihr	wurdet
er, es, sie	wurde	sie, Sie	wurden

5. Strong verbs: changed stem + endings   p. 266

nehmen, **nahm**, hat genommen			
ich	nahm	wir	nahm**en**
du	nahm**st**	ihr	nahm**t**
er, es, sie	nahm	sie, Sie	nahm**en**

The simple past tense of strong verbs will be found in the table
on pages 266–267 of your textbook.

C. Past perfect tense (**das Plusquamperfekt**)   pp. 273–274

The past perfect tense is formed with the simple past
of the auxiliary + past participle.

Ich **hatte** das schon **gesagt**.	*I had said it already.*
Sie **war** fünf Jahre da **gewesen**.	*She had been there for five years.*
Nachdem sie **gegessen hatten**, gingen sie ins Theater.	*After they had eaten, they went to the theater.*

D. Verbs with dative objects   pp. 183–184

The following verbs require a dative rather than an
accusative object:

antworten	Antworten Sie **mir**, bitte.
danken	Er hat **mir** für den Roman gedankt.
gefallen	Das gefällt **mir** sehr.
gehören	**Wem** gehört das?
glauben	Ich kann **ihm** nicht glauben.
helfen	Hilf **mir**, bitte!

2. Nouns and articles

A. Noun phrases

1. with **der**-words (**der, dies-, jed-, welch-**)   pp. 179, 239

Definite article + noun		Singular	Plural
Masculine	nom.	der Mann	die Männer
	acc.	den Mann	die Männer
	dat.	dem Mann	den Männern
	gen.	des Mannes	der Männer
Neuter	nom.	das Kind	die Kinder
	acc.	das Kind	die Kinder
	dat.	dem Kind	den Kindern
	gen.	des Kindes	der Kinder
Feminine	nom.	die Frau	die Frauen
	acc.	die Frau	die Frauen
	dat.	der Frau	den Frauen
	gen.	der Frau	der Frauen

2. with **ein**-words (**ein, kein,** and possessive adjectives)

p. 179

		ein-word + noun	
		Singular	*Plural*
Masculine	*nom.*	kein Mann	keine Männer
	acc.	keinen Mann	keine Männer
	dat.	keinem Mann	keinen Männern
	gen.	keines Mann**es**	keiner Männer
Neuter	*nom.*	kein Kind	keine Kinder
	acc.	kein Kind	keine Kinder
	dat.	keinem Kind	keinen Kindern
	gen.	keines Kind**es**	keiner Kinder
Feminine	*nom.*	keine Frau	keine Frauen
	acc.	keine Frau	keine Frauen
	dat.	keiner Frau	keinen Frauen
	gen.	keiner Frau	keiner Frauen

NOTE: The genitive singular of masculine and neuter nouns takes **-es**
when the noun is one syllable: **des Mannes, eines Kindes.** Otherwise,
add **-s: des Vaters, meines Problems.**

p. 215

B. Masculine N-nouns

pp. 163, 215

	Singular	*Plural*
nom.	der Student	die Studenten
acc.	den Studenten	die Studenten
dat.	dem Studenten	den Studenten
gen.	des Studenten	der Studenten

SIMILARLY:

der Bauer, -n, -n	*farmer*
der Herr, -n, -en	*gentleman; Mr.*
der Journalist, -en, -en	*journalist*
der Junge, -n, -n	*boy*
der Kunde, -n, -n	*customer*
der Mensch, -en, -en	*person, human being*
der Senior, -en, -en	*senior citizen*
der Tourist, -en, -en	*tourist*

3. Prepositions

A. Two-way prepositions (with accusative or dative)

pp. 158–161

	destination: *wohin?* (with accusative object)	location: *wo?* (with dative object)
an	*to, toward*	*at, alongside of*
auf	*onto*	*on, upon, on top of*
hinter	*behind*	*behind*
in	*into, to*	*in*
neben	*beside, next to*	*beside, next to*
über	*over, above; across*	*over, above*
unter	*under*	*under, beneath*
vor	*in front of*	*in front of*
zwischen	*between*	*between*

1. Note these standard contractions of *preposition + article:*   p. 159

an das	→	**ans**		in dem	→	**im**
an dem	→	**am**		in das	→	**ins**

2. These verb pairs are used with two-way prepositions   p. 187

destination: *wohin?* (with accusative weak verbs)	**location: *wo?*** (with dative strong verbs)
hängen (hat gehängt)	hängen (hat gehangen)
legen (hat gelegt)	liegen (hat gelegen)
setzen (hat gesetzt)	sitzen (hat gesessen)
stellen (hat gestellt)	stehen (hat gestanden)

B. Prepositions with genitive case   p. 218

statt, anstatt	*instead of*
trotz	*in spite of*
während	*during*
wegen	*because of, on account of*

4. Adjectives and adverbs

A. Adjective endings following a **der**-word   p. 241

When the **der**-word has the primary ending, the adjective has
a secondary ending.

	Masculine	*Neuter*	*Feminine*	*Plural*
nom.	dieser junge Mann	dieses junge Kind	diese junge Frau	diese jungen Leute
acc.	diesen jungen Mann	dieses junge Kind	diese junge Frau	diese jungen Leute
dat.	diesem jungen Mann	diesem jungen Kind	dieser jungen Frau	diesen jungen Leuten
gen.	dieses jungen Mannes	dieses jungen Kindes	dieser jungen Frau	dieser jungen Leute

B. Adjective endings following an **ein**-word   p. 241

When the **ein**-word has no ending, the adjective has
the primary ending (highlighted forms).

	Masculine	*Neuter*	*Feminine*	*Plural*
nom.	ein junger Mann	ein junges Kind	eine junge Frau	meine jungen Leute
acc.	einen jungen Mann	ein junges Kind	eine junge Frau	meine jungen Leute
dat.	einem jungen Mann	einem jungen Kind	einer jungen Frau	meinen jungen Leuten
gen.	eines jungen Mannes	eines jungen Kindes	einer jungen Frau	meiner jungen Leute

C. Adjective endings without a limiting word   p. 242

The adjective has a primary ending, except in masculine
and neuter genitive (highlighted forms).

	Masculine	*Neuter*	*Feminine*	*Plural*
nom.	kalter Wein	kaltes Wasser	kalte Milch	kalte Suppen
acc.	kalten Wein	kaltes Wasser	kalte Milch	kalte Suppen
dat.	kaltem Wein	kaltem Wasser	kalter Milch	kalten Suppen
gen.	kalten Weines	kalten Wassers	kalter Milch	kalter Suppen

WORD ORDER

Word order in compound sentences

A. Coordinating conjunctions   pp. 181–183

Coordinating conjunctions—**aber**, **denn**, **oder**, **sondern**,
und—do not affect word order.

clause 1 (verb second)	coordinating conjunction	clause 2 (verb last)
Ich bleibe nicht.		Ich gehe nach Hause.
Ich bleibe nicht,	**sondern**	ich **gehe** nach Hause.

B. Subordinating conjunctions   pp. 206–211

Subordinating conjunctions—**bis**, **da**, **dass**, **ob**, **obwohl**, **weil**,
wenn—like question words that introduce subordinate
clauses—**wann**, **warum**, **was**, **wem**, **wen**, **wer**, **wessen**, **wie**,
wo, **woher**, **wohin**—require verb-last word order.

main clause (verb second)	subordinating conjunction	subordinate clause (verb last)
Ich **weiß** nicht,	**ob**	sie in München **wohnt**.

or

subordinate clause (verb last)	main clause (verb first, i.e., in second position)
Ob sie in München **wohnt**,	**weiß** ich nicht.

C. Infinitive constructions with **zu**   pp. 212–213

1. Infinitive with **zu** comes at the end of its phrase:

   Es war schön.   Ich habe Sie endlich kennen gelernt.
   Es war schön Sie endlich **kennen zu lernen**.

2. **um ... zu** = *in order to*   p. 213

   Ich reise nach Deutschland.   Ich möchte mein Deutsch üben.
   Ich reise nach Deutschland, **um** mein Deutsch zu üben.

3. **ohne ... zu** = *without (doing something)*   p. 213

   Ich habe ein Jahr dort gelebt.   Ich habe ihn nicht kennen gelernt.
   Ich habe ein Jahr dort gelebt, **ohne** ihn **kennen zu lernen**.

FUNCTIONS

1. **Expressing intentions, preferences, opinions, and making
   polite requests:** *würden + infinitive*   p. 186

   Würdest du lieber **schwimmen gehen** oder **Tennis spielen**?
   Ich **würde sagen**, dass du zu kritisch bist.
   Würden Sie mir bitte den Koffer **tragen**?

2. **Using the personal dative**

   The personal dative is used to show personal involvement and reactions.   p. 185

   Wie geht es **Ihnen**?
   Wie schmeckt **dir** der Kaffee?
   Das ist **mir** egal.

3. Using the genitive to show relation
pp. 215–216

In German, the genitive case shows a relation of one noun to another, expressed in
English by the possessive (**John's** *book*—**Johanns** Buch) or by the preposition
of (*the color of your jacket*—die Farbe **deiner** Jacke). In German, genitive
case usually *follows* the noun it modifies.

der Wagen mein**es** Freundes	*my friend's car*
die Kinder sein**er** Schwester	*his sister's children*
die Gebäude dies**er** Stadt	*the buildings of this city*

EXCEPTION: Proper names in the genitive precede the noun they modify.

Beethovens Symphonien
Utes Freundin

4. Expressing German equivalents of English *to*
p. 221

A. **nach**: with names of cities and most countries

Fahren wir **nach** Berlin!

B. **zu**: with people and locations

Ich gehe heute Abend **zu** Inge.
Jetzt müssen wir schnell **zum** Bahnhof.

C. **in**: with countries whose names are preceded by an article

Wir wollen im Sommer **in die** Schweiz.
Damals haben wir eine Reise **in die** USA gemacht.

And with some locations:

Kommst du mit **ins** Konzert?
Ich gehe gern mit ihr **ins** Kino.
Ich gehe gern mit ihr **in die** Stadt.

5. Enumerating: ordinal numbers
pp. 246–248

From *first* to *nineteenth*: *cardinal number* + **-t-** + *adjective ending*
(note irregular forms in boldface)

	erste	1st	elfte	11th
	zweite	2nd	zwölfte	12th
	dritte	3rd	dreizehnte	13th
	vierte	4th	vierzehnte	14th
	fünfte	5th	fünfzehnte	15th
der, das, die	sechste	6th	sechzehnte	16th
	siebte	7th	siebzehnte	17th
	achte	8th	achtzehnte	18th
	neunte	9th	neunzehnte	19th
	zehnte	10th		

Twentieth and above: *cardinal number* + **-st-** + *adjective ending*

	zwanzigste	20th
der, das, die	einundzwanzigste	21th
	siebenundfünfzigste	57th

6. Expressing the date

pp. 247–248

A. Asking for the date

nom.	**Der Wievielte** ist heute?	} *What's today's date?*
	Heute ist **der dreißigste März**.	
acc.	**Den Wievielten** haben wir heute?	} *Today is March thirtieth.*
	Heute haben wir **den dreißigsten März**.	

B. On what day of the month? **am...**

p. 247

Wann ist er angekommen?
Am 5. April. (am fünften April)

Wann kommen Sie zurück?
Ich komme **am 11. Oktober** zurück. (am elften Oktober)

C. In what year?

p. 248

In welchem Jahr ist er gestorben?
Er ist **im Jahre 1955** gestorben. *or* Er ist **1955** gestorben.

7. Specifying time

A. *ago* = **vor** + dative

p. 275

Wann warst du in Rom?
Das war **vor drei Jahren**.

Wann ist der Unfall passiert?
Vor einer Stunde.

B. Duration: If an action ends in the past, use simple past or perfect tense.

p. 276

Ich **studierte** vier Semester in Berlin.
Ich **habe** vier Semester in Berlin **studiert**. } *I studied in Berlin (for) four semesters.*

C. Continuing action: If an action is continuing in the present, use present tense + **schon** or **seit**.

p. 276

Ich **wohne schon ein Jahr** hier.
Ich **wohne seit einem Jahr** hier. } *I've been living here for a year.*

Wir wohnen **schon lange** hier.
Wir wohnen **seit langem** hier. } *We've been living here for a long time.*

8. German equivalents of English *when*

pp. 207–208, 272

A. **wann** = *when, at what time?* (question word)

Wann ist das passiert?
Ich weiß nicht, **wann** das passiert ist.

B. **wenn** = *when, if, whenever* (conjunction)

In the present or future = *when, if*

Wenn Sie uns besuchen, zeigen wir Ihnen die Stadt.
Wenn ich kann, helfe ich dir gerne.

As repeated action in the past = *whenever*

Wenn ich nach Berlin kam, haben wir uns immer gesehen.

C. als = *when, as* (conjunction)

For a single event or period in the past, **als** is generally used with the simple past tense.

Als der Film zu Ende war, war ich schon eingeschlafen.
Als ich jung war, durfte ich nicht allein in die Stadt.

9. **Specifying time, manner, and place: word order of adverbs**   p. 245

Adverbs answer questions in the following order: **Wann? Wie? Wo?**

	Wann?	*Wie?*	*Wo(hin)?*
Ich spreche	**heute nach der Stunde**	**mit meinem Professor**	**in seinem Büro.**
Gehen wir doch	**jetzt**	**schnell**	**zum Supermarkt!**

SITUATIONS, IDIOMS, EXPRESSIONS

You should be able to use all these idioms and expressions actively.

1. In stores and restaurants

Was darf es/darf's sein, bitte? Darf es noch etwas sein?
Eine Tasse Kaffee und zwei Glas Bier, bitte sehr.
Zwei Kilo Kartoffeln, bitte.
Ich möchte/nehme ein Schnitzel mit Pommes frites.
Ich esse gern italienisch.

Wie viel kostet das, bitte?
Sonst noch etwas?
Zahlen bitte! Ich möchte zahlen, bitte.
Das macht zusammen …
Guten Appetit!

2. Eating and drinking

Was isst du gern?		*Was trinkst du gern?*
Bauernbrot	Kuchen	Bier
Brezeln	Leberwurst	Kaffee mit/ohne Sahne
Brot mit/ohne Butter	Nachtisch	Milch
Brötchen	Obst	Saft
Eier	Pommes frites	Tee
Eis	Salat	Wasser
Fleisch	Schinken	Wein
Gemüse	Suppe	
Kartoffeln	Wurst	
Käse		

3. Expressing greetings, opinions, feelings, and explanations

Herzlich willkommen!
Bitte sehr. Danke sehr.
Ich habe Hunger. Ich habe Durst.
Ich habe Lust ins Kino zu gehen.
(Es) tut mir Leid.
Das macht mir Spaß.
Ich habe keine Ahnung.
Ich glaube schon. ≠ Ich glaube nicht.

Na, und?
Im Gegenteil.
Um Gottes Willen!
Na, endlich!
(Das/Es) macht nichts.
Es ist (mir) egal. Mir egal.
d.h. = das heißt
(Einen) Augenblick bitte!

4. Requesting information

Was ist los?
Darf ich eine Frage stellen?
Wann bist du geboren?
Was hast du zum Geburtstag bekommen?
Wieso?

5. Specifying place and time

Gibt es **in der Nähe** ein Restaurant?
Wir fahren **aufs Land**.
Meine Großeltern wohnen **auf dem Land**.

Wie viel Uhr ist es. (*oder*) **Wie spät** ist es?
Es ist **kurz vor** halb acht. Es ist **zwanzig nach** sieben. Es ist 19.20 Uhr.
Wir saßen/arbeiten **den ganzen Tag** draußen.
Wann **ging/war** der Krieg **zu Ende?**

6. Colloquialisms

Das ist mir **Wurscht**. = Das ist mir egal.
So ein Mist! (*crude*)
Ich habe zu viel **Kram**. (= zu viele [alte] Sachen)
Mein Wecker ist **kaputt**. / Ich bin **kaputt** (sehr müde).
Das war eine **dreckige** Arbeit! (dreckig = sehr schmutzig)
Jemand hat mir den Geldbeutel **geklaut**! (klauen = stehlen)

7. Mit anderen Worten: Slang im Kontext

Dieter Hillebrandt, Student in Berlin, erzählt:

Letztes Jahr habe ich das **Abi** geschafft und jetzt studiere ich an der **Uni**. Da ich keine **Bude** in der Stadt gefunden habe, wohne ich in einer **WG**. Ich habe nicht genug Platz für meinen ganzen **Kram**, aber **das ist mir Wurscht**, denn es gefällt mir hier.

Diese Woche war eine **Katastrophe**. Im Moment habe ich wirklich eine **Menge** Arbeit, weil ich nächste Woche im Seminar ein Referat über Hegel halten muss. Ich sitze von morgens bis abends am Schreibtisch und arbeite **wahnsinnig viel**. Es ist **blöd**, wenn die Arbeit so **stressig** wird, aber ich muss es einfach tun.

TEST YOUR PROGRESS

Check your answers with the Self-Test Answer Key at the end of this Student Activities Manual.

A. Fill in the blank with the correct preposition or contraction (*preposition + article*).

1. Ich studiere _____ vier Semestern _____ dieser Uni.

2. Ich möchte eine Vorlesung _____ Geschichte hören.

3. Aber ich habe sie nicht _____ Vorlesungsverzeichnis gefunden.

4. Jeden Tag fahre ich _____ meiner Freundin zusammen _____ Uni.

5. _____ Semesterende wollen wir _____ den Ferien zusammen

   _____ Österreich fahren.

6. _____ mir zu Hause _____ dem Schreibtisch liegen alle Bücher

   _____ (*except for*) dem Geschichtsbuch.

B. Form questions for the answers given below.

1. Er fliegt nach Wien.

   _____

2. Sie kommt aus Berlin.

   _____

3. Doch, das stimmt.

   _____

4. Doch, natürlich habe ich Zeit für dich.

   _____

5. Das hat mein Großvater immer gesagt.

   _____

6. Die Landkarte gehört meinem Freund.

   _____

7. Am Dienstag sollen wir das machen.

   _____

8. Die Kinder sind heute bei ihrer Tante.

   _____

C. Fill in the blank with the correct prepositional phrase containing a German equivalent of *to*.

1. Kommst du mit _____ Kino?

2. Nein, leider nicht. Ich fahre heute Abend _____ meiner Cousine _____ Mainz.

3. Musst du diese Woche _____ die Schweiz?

4. Ja, ich muss zuerst _____ Basel und dann mit dem Zug _____ Zürich fahren.

5. Ich kann dich _____ Bahnhof bringen, wenn du willst, und gehe dann nachher

   _____ Büro. Wann kommst du wieder _____ Hause?

6. Ich bin schon am Wochenende wieder _____ Hause.

D. Complete the sentence according to the English cue. In the second sentence of each pair, substitute pronouns for objects.

1. Die Großmutter erzählt _____ _____.
                                    (the children)   (a fairy tale)
   Sie erzählt _____ _____ am Abend.
                      (it)   (to them)

2. Ich habe _____ _____ gezeigt.
                   (my friend)   (the article)
   Dann hat er _____ _____ erklärt.
                       (it)   (to me)

E. Restate the following sentences in the perfect tense.

1. Karin bleibt heute zu Hause.

   _____

2. Meine Freunde wohnen nicht in Rostock.

   _____

3. Um wie viel Uhr stehst du denn auf?

   _____

4. Ich schreibe meiner Familie einen Brief.

   _____

5. Ich muss eine Stunde bleiben.

   _____

6. Die Schüler sind oft müde.

   _____

7. Ich habe leider keine Zeit.

_____

8. Sie wird Lehrerin.

_____

F. Combine the sentences with the conjunctions cued in English.

1. Kommst du mit? (*or*) Bleibst du hier?

_____

2. Ich habe heute keine Zeit. (*because*) Ich habe zu viel zu tun.

_____

3. Hamburg liegt nicht im Süden Deutschlands. (*but rather*) Es liegt im Norden.

_____

_____

4. Ich weiß nicht. (*whether*) Ist er hier?

_____

5. (*since*) Wir haben wenig Geld. Wir müssen sparen.

_____

6. (*if*) Du kannst mir helfen. Ich bin bald fertig.

_____

7. Jan hat nicht studiert. (*but*) Er weiß viel über Geschichte.

_____

_____

8. Hast du gehört? (*that*) Tante Karoline besucht uns morgen.

_____

_____

9. (*although*) Sie ist noch nie in Europa gewesen. Sie spricht gut Deutsch.

_____

_____

G. Complete these sentences, using the genitive phrases cued in English.

1. Wir nehmen (*my friend's car*).

   _____

2. Am (*end of the week*) gibt es wenig zu tun.

   _____

3. (*Karl's brother*) studiert Medizin.

   _____

4. (*My teacher's house*) steht gleich um die Ecke.

   _____

5. Mir gefällt (*the language of these people*) sehr.

   _____

6. Mir gefällt mein Studium (*in spite of the work*).

   _____

7. (*Because of my work*) kann ich leider nicht kommen.

   _____

8. Ist denn (*the life of a student*) so schwer?

   _____

H. Give the German equivalents for these sentences with time expressions.

1. What time is it, please?

   _____

2. It is almost seven-thirty.

   _____

3. When is the train supposed to arrive?

   _____

4. It arrives at eight fifty-nine P.M.

   _____

5. What are you doing at a quarter to eight?

   _____

NAME _____ SECTION _____ DATE _____

I. Look at the cue at the beginning of each sentence. Insert the correct German verb form in one blank and supply the preposition (or contraction) needed in the other.

1. (*to lie*) Manchmal _____ ich bis neun _____ Bett.

2. (*to lay*) Du kannst deine Tasche _____ den Stuhl _____.

3. (*to put*) Sollen wir Ihren Schreibtisch _____ Büro _____?

4. (*to stand*) Ja bitte, aber er soll nicht direkt _____ Fenster _____.

5. (*to sit*) Darf ich ein paar Minuten hier _____ Tisch _____?

J. Combine these sentences by changing the one in italics into an infinitive phrase.

BEISPIEL: Es ist sehr schön. *Wir gehen im Sommer hier schwimmen.*
<u>Es ist sehr schön im Sommer hier schwimmen zu gehen.</u>

1. Wir haben keine Lust. *Wir sollen Onkel Georg besuchen.*

_____

_____

2. *Sie wollen etwas über Kunst lernen.* (um ... zu) Sie sind ins Museum gegangen.

_____

_____

3. Es war sehr nett von ihr. *Sie hat mir eine Karte aus Köln geschickt.*

_____

_____

4. Gehst du schon? *Du sagst Julia nicht auf Wiedersehen.* (ohne ... zu)

_____

_____

K. Complete this paragraph with the appropriate word or phrase cued in English. Don't forget the adjective endings!

Wenn man (1) _____ Monat ins (2) _____ Landesmuseum geht,
         (this)   *(old)*

sieht man (3) _____ _____ Ausstellung über (4) _____
         (a)   *(new)*   *(German)*

Geschichte im (5) _____ Jahrhundert. Dort kann man sich (6) _____
        (last)   *(various)*

_____ Plakate ansehen und (7) die _____ Kunst in der Zeit der
  (interesting)   *(political)*

(8) _____ _____ Republik studieren. Man sieht auf (9) _____
   (first)   *(German)*   *(these)*

_____ Plakaten, wie die (10) _____ Parteien versucht haben, die
(old)   (many)

Ängste (11) _____ _____ _____ zu manipulieren.
(the)   (German)   (folk)

Das (12) _____ Bild ist ein (13) _____ Beispiel für
(first)   (good)

(14) _____ Plakate während (15) _____ _____ Epoche.
(political)   (this)   (important)

Es zeigt (16) _____ _____ Mann. Natürlich sollten
(a)   ("strong")

(17) die _____ Deutschen an einen „Führer" denken.
(unemployed)

L. Fill in the blanks with **wenn**, **wann**, or **als** as appropriate.

(1) _____ ich jung war, wollte ich Fußballspieler werden. (2) _____

mein Vater mich jeden Samstag zum Spiel mitnahm, freute ich mich immer. (3) „_____

darf ich einen Fußball haben?" fragte ich immer. Vater sagte: (4) „_____ du sechs

bist." (5) _____ ich aber sechs wurde, wollte ich Cowboy werden. Ich kann mich

nicht erinnern, (6) _____ ich plötzlich Arzt werden wollte. (7) _____

ich Ihnen jetzt sage, was ich bin, glauben Sie es mir nicht: Ich bin doch Fußballspieler geworden!

M. Fill in the correct form of the verb in the perfect, simple past, or past perfect, as indicated.

A: Wo (1) _____ (sein – *simple past*) du gestern, als ich dich auf deinem Handy

(2) _____ _____ (anrufen – *perfect*)?

B: Ich (3) _____ (warten – *simple past*) vor dem Kino auf meinen Freund. Wir

(4) _____ (wollen – *simple past*) ins Kino und nachher in dem neuen Restaurant

an der Ecke etwas essen. Nachdem ich mit dir (5) _____ _____

(sprechen – *past perfect*), (6) _____ (klingeln – *simple past*) es wieder; es

(7) _____ (sein – *simple past*) mein Freund! Er (8) _____ nachmit-

tags auf dem Sofa _____ (einschlafen – *past perfect*) und (9) _____

(aufwachen – *simple past*), als es draußen langsam dunkel (10) _____ (werden –

simple past). In zehn Minuten (11) _____ (stehen – *simple past*) er dann neben

mir, und wir (12) _____ (können – *simple past*) Gott sei Dank noch zwei Karten

für den Film kaufen.

A: (13) _____ euch der Film eigentlich _____ (gefallen – *perfect*)?

B: Ja, sehr. Wir (14) _____ (lachen – *perfect*) und auch _____

(weinen – *perfect*) und später beim Essen (15) _____ (wollen – *simple past*)

wir nicht aufhören über den Film zu diskutieren. Den musst du jetzt auch bald sehen!

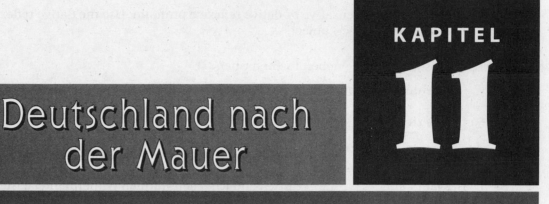

KAPITEL

11

Deutschland nach der Mauer

A. Use the elements given to construct question and answer exchanges. Note that all the verbs are reflexive.

BEISPIELE: A: wer / müssen / sich beeilen / ? (*present*)

Wer muss sich beeilen?

B: wir / müssen / sich beeilen / .

Wir müssen uns beeilen.

1. A. wie / du / sich verletzen / ? (*perfect*)

_____

B. ich / sich verletzen / beim Fußball / . (*perfect*)

_____

2. A. wo / wir / sollen / sich treffen / morgen / ? (*present*)

_____

B. wir / sich treffen / in der Studentenkneipe / ! (*imperative*)

_____

3. A. seit wann / sich kennen / ihr / ? (*present*)

_____

B. wir / sich kennen / schon seit fünf Monaten / . (*present*)

_____

4. A. sich ärgern / immer / deine Schwester / . (*present*)

_____

B. ja, leider / sie / sich ärgern / über Vieles / . (*present*)

_____

B. Supply the appropriate accusative or dative reflexive pronoun. Use the dative reflexive pronoun if there is also a second (direct) object.

BEISPIELE: Ich setze _*mich*_ neben meinen Chef.

Möchtest du _*dir*_ meine neuen Fotos ansehen?

1. Samstags ziehe ich _____ immer alte Kleider an.

2. Willst du _____ noch schnell die Hände waschen, bevor wir essen?

3. Dieses Jahr kann _____ Erich endlich einen warmen Wintermantel leisten.

4. Freut ihr _____ , dass ihr bald wieder in die Schweiz fahrt?

5. Es ist schon spät, wir müssen _____ beeilen.

6. Heute habe ich keine Zeit _____ die Haare zu waschen.

7. Können Sie _____ vorstellen, wie es damals war?

8. Sag mir bitte, wann ich _____ das Zimmer ansehen kann.

9. Letztes Wochenende hat sie _____ schwer verletzt.

10. Wie hast du _____ so schwer erkältet?

C. Part 1: The sentences below describe Marianne's eventful morning. Number them in the order in which they occur.

_____ Sie setzt sich an den Frühstückstisch.

_____ Bevor sie isst, wäscht sie sich.

_____ Dann muss sie sich beeilen.

_____ Sie ärgert sich, dass die Straßenbahn sich verspätet hat.

_____ Nach dem Frühstück zieht sie sich an.

_____ Sie steht sehr langsam auf.

_____ Vor der Wohnungstür fällt sie auf der Treppe und verletzt sich.

___*1*___ Als sie die Augen aufmacht, freut sie sich über das schöne Wetter.

_____ Sie fühlt sich nun nicht mehr so fantastisch.

Part 2: Now that you have ordered these events, write Marianne's own description of her morning in the simple past tense. (Use **ich** and the past perfect when necessary.)

Als ich gestern die Augen aufmachte, freute ich mich über das schöne Wetter. _____

_____

_____

_____

_____

_____

_____

_____

_____

_____

_____

D. Rewrite the following sentences, using the new subjects in parentheses.

BEISPIEL: Ich muss mich leider beeilen. (wir)

   Wir müssen uns leider beeilen.

1. Ich muss mir neue Schuhe kaufen. (mein Bruder)

   _____

2. Kann sie sich nicht selber helfen? (ihr)

   _____

3. Ich kann mir gar nicht vorstellen, was du meinst. (sie, *pl.*)

   _____

4. Mein Sohn hat sich gestern den Arm verletzt. (ich)

   _____

5. Ich setze mich immer neben Tante Hildegard. (meine Schwester)

_____

6. Letzte Woche habe ich mir das Bein gebrochen. (unser Chef: *reflexive pronoun precedes noun*)

_____

7. Wo kann ich mir hier die Hände waschen? (man)

_____

8. Wie zieht sich Kurt heute Abend an? Elegant oder sportlich? (du)

_____

E. Answer the following questions, replacing the direct object with a pronoun and making word order changes where necessary. Not all the verbs are reflexive.

BEISPIEL: Kannst du dir *das neue Auto* kaufen?

Ja, hoffentlich <u>*kann* **ich es mir** *kaufen.*</u>

1. Kannst du dir *diese tolle Wohnung* leisten?

Ja, jetzt _____

2. Kann dir Lily *ihr Vorlesungsverzeichnis* leihen?

Ich frage Lily, ob sie _____

3. Wie oft musst du dir *die Haare* waschen?

Jeden Tag _____

4. Habt ihr euch *die zwei Kirchen* angesehen?

Ja, heute Morgen _____

5. Hat sich Johanna *die Armbanduhr* gekauft?

Ja, sie _____

6. Bringst du mir *den Stadtplan* mit?

Ja, sicher _____

7. Wer schneidet dir denn *die Haare*?

Seit Jahren schneide _____ selber.

F. Put these six adjectives into a list, beginning with the word denoting the largest amount and ending with the word denoting the smallest amount. Note which is the **der**-word and which is the **ein**-word.

wenige • keine • mehrere • viele • alle • einige

_____ (**der**-word)

_____

_____

_____

_____

_____ (**ein**-word)

Now answer the following questions, using the correct form of the words cued.

BEISPIEL: Welche Filme spielen im Moment? (mehrer , neu-)

Mehrere neue Filme.

1. Mit wem will der Lehrer sprechen? (einig-, bekannt-, Deutsch-)

Mit _____

2. In welchen Buchhandlungen hat er das Buch gesucht? (viel-, groß-)

In _____

3. Welche Gebäude soll ich mir hier ansehen? (all-, alt-)

_____

4. Haben Sie noch Stadtpläne? (kein-, gut-)

Nein,_____

5. Wie viele gute Romane habt ihr gelesen? (wenig-, gut-)

_____

G. Complete the following sentences with adjectival nouns denoting people. Form these from the adjectives in parentheses.

BEISPIEL: Was hat der Arzt dem _____ gesagt? (krank)

Was hat der Arzt dem *Kranken* gesagt?

1. Haben Sie meinen _____ schon kennen gelernt? (bekannt)

2. In unserem Wohnhaus leben viele _____ . (alt)

3. Yoko fühlte sich in diesem Land wie eine _____. (fremd)

4. Im Zug habe ich mit einer _____ geredet. (deutsch)

5. Kein _____ sagt das heute noch. (deutsch)

6. Wir nehmen die _____ immer mit. (klein, *pl.*)

7. Ein _____ von Hülya lebt in diesem Dorf. (verwandt)

8. Wir haben angefangen, mit den _____ zusammenzuarbeiten. (grün)

H. Complete each sentence with the cued neuter adjectival noun. Remember to use uppercase for nouns.

1. Gibt's etwas _____? (*new*)

2. Es war eigentlich nichts _____. (*important*)

3. Man hört nicht viel _____ über diesen Schriftsteller. (*good*)

4. Uns ist gestern etwas _____ passiert. (*dumb*)

5. Wir haben etwas _____ verloren. (*expensive*)

6. Es gibt eigentlich wenig _____ in unserem Dorf. (*interesting*)

7. Als Kind habe ich einmal etwas _____ gehört. (*terrible*)

I. Answer the following questions about your preferences, using any of the adjectives below. Pay attention to adjective endings. Remember that unlike English, these adjectives of nationality are spelled in lowercase.

BEISPIEL: Essen Sie lieber amerikanische oder deutsche Schokolade?

Lieber deutsche Schokolade.

europäisch • amerikanisch • japanisch • deutsch • französisch
italienisch • englisch • russisch • kanadisch • österreichisch

1. Was für ein Fahrrad würde Ihnen gefallen?

Ein _____

2. Welche Bücher lesen Sie, wenn Sie Zeit haben?

_____

3. Mit was für einem Wagen möchten Sie fahren?

Mit _____

4. Welche Filme sehen Sie gern?

_____

5. Von welcher Fußballmannschaft haben Sie schon mal gehört?

Von _____

6. Welche Musik würden Sie gern kennen lernen?

_____

7. In was für einem Restaurant möchten Sie mal essen?

In _____

J. **Gegensätze.** Write the opposite next to the appropriate word. This exercise includes vocabulary from **Wortschatz 2**.

offen	antworten	unruhig	ankommen
gesund	verschieden	nachher	finden
auswandern	glücklich	schwach	sich ausziehen
aufwachen	reich		

1. vorher — _____

2. ruhig — _____

3. stark — _____

4. unglücklich — _____

5. arm — _____

6. krank — _____

7. verlieren — _____

8. sich anziehen — _____

9. abfahren — _____

10. fragen — _____

11. einschlafen — _____

12. geschlossen — _____

13. ähnlich — _____

14. einwandern — _____

K. Use the cues to write three short dialogues.

1. Zwei Freunde, Jens und Philipp, sprechen über Stefan.

PHILIPP: wie / Stefan / sich fühlen / heute / ?

_____ ?

JENS: ich / glauben // der Kopf / noch / weh tun / .

_____ .

2. Julia hat ihre Mutter zum Kaffee eingeladen.

JULIA: sich setzen / bitte / Mutti / !

_____ !

MUTTER: danke schön // ich / sich setzen / hier / an / das Fenster / .

_____ .

3. Ursula freut sich und erzählt Birgit, warum.

BIRGIT: was / sein / los / ? // du / aussehen / so / glücklich / .

_____ .

URSULA: ja // ich / sich kaufen / heute / ein- / toll / neu / Kamera / . (*perfect*)

_____ .

KAPITEL 12

Erinnerungen

A. Supply the missing comparative and superlative forms of the adjectives **billig** and **schön**.

COMPARATIVE FORM	SUPERLATIVE FORM

Nominative

Das ist ein **billigerer** Mantel.

Das ist eine _____ Jacke.

Das ist ein _____ Hemd.

Das sind _____ Schuhe.

Das ist der **schönste** Mantel.

Das ist die _____ Jacke.

Das ist das _____ Hemd.

Das sind die _____ Schuhe.

Accusative

Dieser Laden hat ...

einen _____ Mantel.

eine _____ Jacke.

ein _____ Hemd.

_____ Schuhe.

Dieser Laden hat ...

den _____ Mantel.

die _____ Jacke.

das _____ Hemd.

die _____ Schuhe.

Dative

Ich kenne einen Laden ...

mit einem _____ Mantel.

mit einer _____ Jacke.

mit einem _____ Hemd.

mit _____ Schuhen.

Das ist der Laden ...

mit dem _____ Mantel.

mit der _____ Jacke.

mit dem _____ Hemd.

mit den _____ Schuhen.

B. Werbetext (*Advertising Slogans*). Add the words cued in English to complete the slogans.

1. *Bei uns gibt es die* _____ *Pullover!*
   (*warmest*)

2. **Wir haben die** _____ **Möbel!** (*furniture = plural*)
   (*most modern*)

3. Hier bei uns finden Sie die _____ Software!
   (*most intelligent*)

4. Suchen Sie ein _____ Handy?
   (*better*)

5. *Brauchen Sie einen* _____ *Wagen?*
   (*larger*)

6. Hier an der Ostsee wird jeder Mensch _____!
   (*healthier*)

7. Bᴇɪ ᴜɴs ғɪɴᴅᴇɴ Sɪᴇ ᴅɪᴇ _____ Wᴇɪɴᴇ!
   (*oldest*)

8. Jeder macht bei uns einen _____ Urlaub.
   (*longer*)

9. Bei uns findet man nicht nur die _____ Uhren.
   (*most expensive*)

10. In unseren Turnschuhen laufen Sie _____!
    (*the fastest*)

11. *Hier bei uns scheint die Sonne* _____.
    (*the strongest*)

12. Was essen Kinder _____?
    (*like [to eat] best of all*)

C. **Im Gegenteil!** Respond to these questions by saying that the opposite is true. Use the antonym of the italicized adjective in your answer.

BEISPIEL: Habt ihr die *ältere* Französin gefragt?

Nein, *wir haben die **jüngere** Französin gefragt.*

1. Liest du den *längeren* Artikel?

Nein, _____

2. Kosten Lebensmittel immer *weniger* bei euch?

Nein, _____

3. Werden die Meere der Welt immer *kälter*?

Nein, _____

4. Ist das deine *ältere* Schwester?

Nein, _____

5. Sucht Marianne eine *kleinere* Kamera?

Nein, _____

6. Wird diese Partei immer *stärker*?

Nein, _____

D. Use **wie** or **als** to complete the comparisons.

1. Diese Jacke ist fast so teuer _____ ein Mantel.

2. Ich finde rot genauso schön _____ gelb.

3. Das Kleid trage ich lieber _____ diesen Rock.

4. Das Hemd hat schönere Farben _____ mein T-Shirt.

5. Diese Sonnenbrille ist weniger hübsch _____ meine Brille.

6. Mir sind die italienischen Schuhe nicht so bequem _____ die französischen.

7. Die Kleider kosten hier fast genauso viel _____ im anderen Geschäft.

8. Hier sind die Preise besser _____ im anderen Geschäft.

9. Niemand sieht so toll aus _____ wir!

10. Es tut mir gut, dass ich heute gesünder lebe _____ vor einem Jahr.

E. Was geben die Deutschen für Downloads vom Internet aus? The following statements make comparisons about the market growth. The information in the graph will help you choose the correct completion.

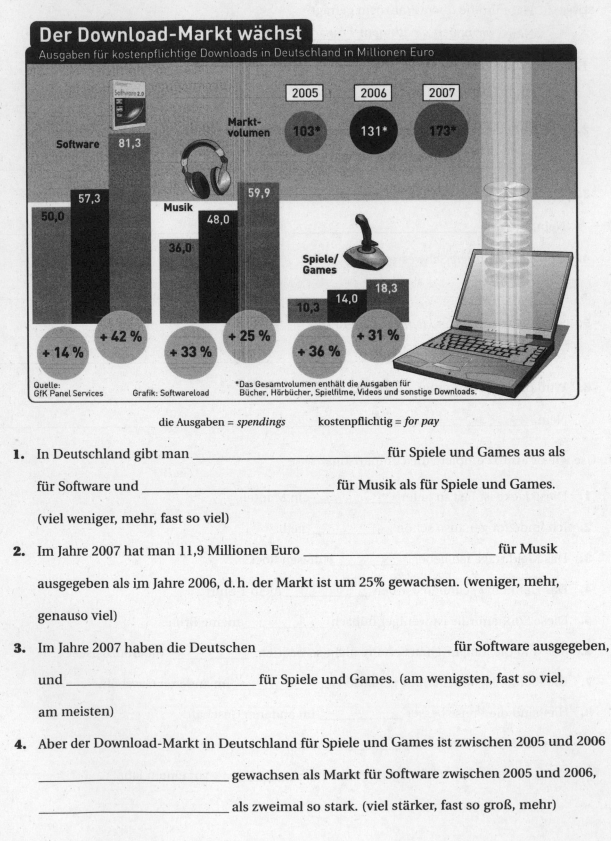

Der Download-Markt wächst
Ausgaben für kostenpflichtige Downloads in Deutschland in Millionen Euro

Software 81,3
57,3
50,0

Markt-volumen
2005 — 103*
2006 — 131*
2007 — 173*

Musik 59,9
48,0
36,0

Spiele/Games
10,3
14,0
18,3

+ 14 %   + 42 %   + 33 %   + 25 %   + 36 %   + 31 %

Quelle: GfK Panel Services   Grafik: Softwareload

*Das Gesamtvolumen enthält die Ausgaben für Bücher, Hörbücher, Spielfilme, Videos und sonstige Downloads.

die Ausgaben = *spendings*   kostenpflichtig = *for pay*

1. In Deutschland gibt man _____ für Spiele und Games aus als

   für Software und _____ für Musik als für Spiele und Games.

   (viel weniger, mehr, fast so viel)

2. Im Jahre 2007 hat man 11,9 Millionen Euro _____ für Musik

   ausgegeben als im Jahre 2006, d.h. der Markt ist um 25% gewachsen. (weniger, mehr,

   genauso viel)

3. Im Jahre 2007 haben die Deutschen _____ für Software ausgegeben,

   und _____ für Spiele und Games. (am wenigsten, fast so viel,

   am meisten)

4. Aber der Download-Markt in Deutschland für Spiele und Games ist zwischen 2005 und 2006

   _____ gewachsen als Markt für Software zwischen 2005 und 2006,

   _____ als zweimal so stark. (viel stärker, fast so groß, mehr)

5. Von 2006 bis 2007 ist der Markt für Software _____ gewachsen wie

der Markt für Musik. (fast so viel, viel stärker, weniger)

6. Wie ist es für Sie? Welche Downloads kaufen Sie vom Internet? Für was geben Sie am meisten

Geld aus? Welche Downloads sind in Ihrem Land am billigsten?

Ich _____

_____

_____

MacWorld

Apple baut das dünnste Notebook der Welt

Erst kam der iPod, dann das iPhone. Jetzt versucht sich Apple wieder mal an einem Superlativ: Ein Notebook, das in einen Briefumschlag passt.

Von *FOCUS-Online-Redakteur* Alexander von Streit

passen = *to fit*

F. Create two of your own advertisements, using the subjects and adjectives provided. The example is only a model for you to use as inspiration. Be creative, and use as many comparative and superlative forms as possible.

BEISPIEL: (das Fahrrad – fahren / schnell, gut)

Wollen Sie **das schnellste** Fahrrad fahren?
Besitzen Ihre Freunde **schnellere** Fahrräder als Sie?
Oder ist Ihr Fahrrad vielleicht **genauso schnell wie** ihre Fahrräder?
Dann kaufen Sie Ihr nächstes Fahrrad, denn jeder weiß, **je schneller desto besser**!

1. (der Wohnwagen [*mobile home*] – besitzen / groß, gut / umweltfreundlich)

_____

_____

_____

_____

2. (der Computer – benutzen / neu, schnell / billig)

_____

_____

_____

_____

_____

G. Which word in the set does not have the same relationship to the base word as the others? Circle one.

1. spielen: Karten / Gepäck / Tennis / Musik

2. das Gebäude: Zimmer / Tür / Treppe / Kirche

3. der Beruf: Mechaniker / Bürger / Ärztin / Kellnerin

4. die Fahrkarte: Bus / Bahn / Fahrrad

5. das Papier: Referat / Brief / Artikel / Typ

H. Complete each sentence with the correct relative pronoun.

BEISPIEL: Ich kenne den Film nicht, ___*den*___ du gestern gesehen hast.

1. Ist das der Film, _____ in Frankreich so bekannt ist?

2. Mein Großvater kennt viele Geschichten, _____ ich immer wieder gern höre.

3. Der Typ, _____ wir getroffen haben, ist Marias Verlobter.

4. Ist das die skandinavische Schriftstellerin, _____ Romane sehr berühmt sind?

5. Es sind nicht nur arme Leute, _____ der Staat helfen soll.

6. Das ist genau die Antwort, _____ ich hören wollte.

7. Hier ist eine Liste der Mitglieder, _____ Namen Sie noch nicht auf Ihrer Liste haben.

8. Wir suchen die Dame, _____ dieses Gepäck gehört.

9. Das tolle Motorrad, _____ er verkaufen will, kann ich mir leider nicht leisten.

10. Die Schwimmerin, _____ bei den Olympischen Spielen gewonnen hat, war mit mir

auf der Schule.

I. Combine each pair of sentences, using the correct preposition followed by a relative clause. Remember to place the preposition at the beginning of the relative clause before the relative pronoun.

BEISPIEL: Siehst du den Zug? (Wir wollen mit ihm fahren.)

Siehst du den Zug, **mit dem wir fahren wollen?**

1. Unser Großvater erzählt gern über die Stadt. (Er hat in dieser Stadt seine Kindheit verbracht.)

_____

2. Kennt ihr den Politiker? (Wir sprechen über ihn.)

_____

3. Hier ist ein Foto des jungen Politikers. (Alle reden von ihm.)

_____

4. Wie heißt die Frau? (Dein Bruder hat sich mit ihr verlobt.)

_____

5. Ist das die Lehrerin? (Ich erinnere mich an sie.)

_____

J. Complete each sentence, using the words in parentheses and **was** as a relative pronoun.

BEISPIEL: Ist das alles, (Professor / von uns / verlangen)?

Ist das alles, **was der Professor von uns verlangt?**

1. Ist das das Schlimmste, (du / können / dir / vorstellen)?

_____

2. Alles, (wir / hören [_use perfect tense_]), war sehr positiv.

_____

3. Nächste Woche haben wir endlich Semesterferien, (mich / sehr / freuen).

_____

4. Ich habe damals viel gekauft, (ich / heute / nicht mehr / brauchen).

_____

5. Dorothea meint, es gibt nichts, (sie / nicht / können / lernen).

_____

6. Wir konnten die ganze Woche nicht schwimmen, (uns /sehr enttäuschen [*use perfect tense*]).

_____

_____

K. Use relative clauses to create definitions for the following vocabulary items.

BEISPIEL: Ein Schreibtisch *ist ein Tisch, an dem man sitzt und schreibt.*

1. Eine Buchhandlung _____

2. Ein Computertisch _____

3. Der Mitbewohner _____

4. Die Heimatstadt _____

5. Die Autobahn _____

6. Ein Weinglas _____

7. Ein Wörterbuch _____

L. Give the English equivalent of the following sentences.

1. Du kannst deinen Regenschirm zu Hause lassen.

_____

2. Meine Mutter ließ immer den Arzt kommen, wenn ich krank war.

_____

3. Ich muss mein Auto bald waschen lassen.

_____

4. Heute Abend lassen wir die Kinder das Essen kochen.

_____

5. Die Frage ist nur, ob man mich allein arbeiten lässt.

_____

6. Lass mich doch den Kaffee bezahlen!

_____

M. Rewrite the sentences in the tense indicated.

1. Mein Vater lässt sein Auto nie reparieren. (*perfect*)

_____

2. Hast du deine Kamera zu Hause gelassen? (*present*)

_____

3. Wir ließen uns die Situation erklären. (*perfect*)

_____

4. Unsere Professoren lassen dieses Semester viele Referate schreiben. (*simple past*)

_____

5. Am Bahnhof lasse ich mein schweres Gepäck immer im Schließfach (*locker*). (*simple past*)

_____

N. Complete the sentences with an appropriate phrase from the list.

manchmal • das letzte Mal • diesmal • zum dritten Mal •
zweimal • noch einmal • zigmal

1. Mein Freund und ich gehen _____ im Monat ins Kino.

2. Ich habe Sie leider nicht verstanden. Können Sie es mir bitte _____

erklären?

3. In der Mensa ist es so laut, dass man _____ die eigene Stimme nicht

hören kann.

4. Meine Familie fährt oft nach Europa. _____ waren wir zwei Wochen

in der Schweiz.

5. Diesen Film sehe ich jetzt schon _____ !

6. Stell dir vor, wir haben das berühmte Gebäude schon _____ gesucht

und nie gefunden!

7. Ich glaube, _____ nehmen wir den Stadtplan mit.

O. **Part 1:** Put these expressions in the correct chronological order, starting with **vorgestern**.

gestern Morgen   ~~vorgestern~~   morgen Abend
übermorgen   heute Morgen   morgen früh
heute Nachmittag   heute Abend   gestern Abend
morgen Nachmittag

_____*vorgestern*_____

_____

_____

_____

_____

_____

_____

_____

_____

_____

Part 2: Answer the following questions using **vor** + *dative* or one of the expressions in the first part of this exercise.

Wenn heute der 15. November ist, wann ist (oder war) …

… der 15. Oktober?   *vor einem Monat*_____

… der 15. September?   _____

… der 13. November?   _____

… der 8. November?   _____

… der 17. November?   _____

… der 12. November?   _____

… der 10. November?   _____

KAPITEL

13

Die Schweiz

A. Complete each sentence with the preposition that complements the verb.

> **BEISPIEL:** Ich interessiere mich ___*für*___ diese Schriftstellerin.

1. Warten die anderen _____ uns?

2. Wir können diesen Beamten _____ Auskunft bitten.

3. Niemand außer uns hat sich bis jetzt _____ die Klausur vorbereitet.

4. Es ist wirklich schwierig sich _____ die langen Vorlesungen zu gewöhnen.

5. Es lohnt sich nicht mehr _____ das Problem zu sprechen.

6. Wir kümmern uns jetzt mehr _____ unsere Verwandten.

7. Darf ich Sie _____ unseren Termin erinnern?

B. Answer the following questions with the prepositional objects cued. Be sure to use the correct preposition and case.

> **BEISPIEL:** Wofür interessiert ihr euch? (die Geschichte der Schweiz)
>
> *Für die Geschichte der Schweiz.*

1. Woran erinnerst du dich gut? (meine erste Schulklasse)

   _____

2. Wofür interessiert sich Frau Brandt? (die Geschichte der Partei)

   _____

3. Worauf wartet ihr denn? (der nächste Zug)

   _____

4. Worauf bereiten Sie sich vor? (meine Urlaubsreise im Herbst)

   _____

5. Woran müssen sich Irene und Thomas in den USA gewöhnen? (das amerikanische Essen)

_____

6. Worum wollen wir den Lehrer eigentlich bitten? (etwas mehr Zeit)

_____

C. Which forms are missing in the list below?

worüber?	über	darüber
	auf	
worum?		
		dafür
	an	
wovor?		
		damit
	in	

D. Now use the appropriate expression from the table above to complete the following dialogues.

1. „_____ redet ihr?"

„_____ die Umweltpolitik."

„_____ möchte ich auch gern reden."

2. „_____ freust du dich so?"

„_____ unsere Reise nach Basel."

„_____ freuen wir uns auch schon lange!"

3. „_____ kümmert sich Jens jetzt so sehr?"

„_____ das Recycling."

„_____ müssen wir uns alle kümmern!"

4. „_____ interessiert sich der neue Mitbewohner?"

„_____ politische Diskussionen."

„Wirklich? _____ interessiere ich mich gar nicht."

5. „Du siehst schrecklich aus! Was ist los?"

„Ich habe Angst."

„ _____ denn?"

„ _____ der Klausur, die ich morgen schreibe."

„ _____ brauchst du wirklich keine Angst zu haben."

E. Review separable-prefix verbs. Choose the best verb from the list below to complete the sentences. Remember that in the present tense and the imperative, the separable prefix is placed at the end of the clause.

> vorhaben • sich auskennen • sich vorbereiten • aufräumen •
> weggehen • mitmachen • zuhören • sich anziehen

1. _____ doch bitte deinen Schreibtisch _____, bevor du gehst!

2. Was _____ ihr heute Abend _____? Geht ihr mit uns essen?

3. _____ du dich in dieser Gegend _____ oder soll ich am

Informationsschalter fragen?

4. _____ mir bitte gut _____, denn ich muss dir etwas Wichtiges

erzählen.

5. Der Arzt ist vor einer Stunde _____, aber er kommt sicher bald

zurück.

6. Warum hast du dir keine Handschuhe _____?

7. _____ ihr dieses Jahr in der Schule bei der Kunstausstellung _____?

8. Wir haben uns gestern Abend auf die Klassendiskussion gut _____

und sind jetzt fit.

F. Assume that you have not understood what has just been said. Ask for clarification as in the examples. Use a **wo**-compound or a *preposition* + *pronoun* as appropriate.

BEISPIELE: Rolf spielt mit seinem neuen Computer.

__Womit__ spielt er?

Rolf spielt heute Fußball mit Kirsten.

Mit __wem__ spielt er?

1. Unsere Klasse hat heute über einen interessanten neuen Film gesprochen.

_____?

2. Wir fangen das Essen immer mit einem Glas Wein an.

_____?

3. Ich habe mich plötzlich wieder an meine französischen Bekannten erinnert.

_____?

4. Ich musste mich an das Klima gewöhnen.

_____?

5. Ich interessiere mich seit Jahren für das Mittelalter.

_____?

G. Answer the questions negatively with a **da**-compound or a *preposition + pronoun*.

BEISPIELE: Spielt Ralph mit seinem neuen Computer?

*Nein, er spielt **nicht damit.***

Spielt Hans-Peter mit Kirsten Tennis?

*Nein, er spielt **nicht mit ihr.***

1. Redet Peter jedes Wochenende mit seinen Eltern?

Nein, _____

2. Interessierst du dich auch für die Geschichte Russlands?

_____

3. Hat sich deine Schwester schon an das Unileben gewöhnt?

_____

4. Wartet ihr schon lange auf uns?

_____

5. Erinnern Sie sich gern an Ihre Heimat?

_____

H. You belong to a group of students just taking off for a semester of study in Zürich, Switzerland. Describe your situation. Use the *future tense* to construct sentences with the cues provided.

BEISPIEL: wir / studieren / nächstes Semester / Zürich / .

Wir werden nächstes Semester in Zürich studieren.

1. wir / am Anfang / nicht / gut / sich auskennen / .

_____

2. zuerst / ich / sich kaufen / einen guten Stadtplan von Zürich / .

_____

3. David / versuchen / ein Zimmer bei einer Familie zu bekommen / .

_____

4. Beth / belegen / einen Sprachkurs für Ausländer / .

_____

5. wir / kaufen / sofort / Monatskarten / für / die Straßenbahn / .

_____

6. wir / müssen / sich gewöhnen an / das Schweizerdeutsch / .

_____

I. Add the particle **hin-** or **her-**, as appropriate.

1. —Gehen wir doch _____ aus! Wir können heute draußen frühstücken.

—Gerne, aber nachher muss ich wieder _____ ein, um eine Stunde Klavier zu üben.

—Aber später können wir bei diesem tollen Wetter aufs Land _____ aus fahren.

2. —Möchtet ihr zu uns in die Wohnung _____ auf?

—Einverstanden, aber komm doch zuerst _____ unter und mach uns bitte die Tür auf!

J. Wie sagt man das auf Deutsch? (Use **möchten** or **wollen** with a **dass**-clause construction.)

1. They want us to help them.

_____

2. I would like him to write a letter.

_____

3. I want you to listen to me.

_____

4. Do you want me to do that?

_____

5. I don't want you to say anything.

_____

K. Complete the following sentences with **nach**, **zu**, or **bei**. Form a contraction with the definite article where necessary. Refer to textbook p. 221 to review.

> **BEISPIEL:** Gehst du mit _____ Hauptbahnhof?
>
> Gehst du mit _zum_ Hauptbahnhof?

1. Meine Eltern sind _____ unseren Verwandten nach Basel gefahren.

2. Heute fahre ich um neun _____ Uni.

3. Meine Schwester wohnt noch _____ Hause und arbeitet _____ Bäcker.

4. Wann willst du _____ Europa?

5. Will er mit dem Rad _____ Zürich fahren?

6. Heute Abend gehen wir _____ Manfred.

7. Heute muss ich _____ Post.

8. Stör mich bitte nicht _____ Lesen!

9. Gehst du bitte _____ Schalter mit?

10. Ich wohne nicht mehr _____ meiner Tante in Karlsruhe, sondern bin

    _____ Heidelberg umgezogen.

L. Complete the following dialogues with the appropriate vocabulary. This exercise includes vocabulary from **Wortschatz 2**.

> stolz auf • sich wundern • antworten auf • Angst haben vor •
>
> denken an • sich etwas überlegen • verantwortlich für • sich ärgern

1. —Ich bin mit meinem Referat endlich fertig und bin sehr _____ darauf!

   —Wie lang ist es geworden?

   —Du wirst dich _____! Fünfunddreißig Seiten lang!

2. —Hast du wirklich _____ _____ der Reaktion deiner

   Chefin?

   —Ja, sie wird sich _____, dass ich _____ ihre E-Mail

   immer noch nicht _____ habe.

   —Bist du denn _____ alles _____?

   —Ja, wenn sie nicht da ist.

3. —Warum bist du immer so müde?

—Ich weiß nicht. Das muss ich _____ _____. Vielleicht kann ich

mehr Sport treiben.

—Ja! _____ nicht nur _____ deine Arbeit, sondern tue auch etwas für

die Gesundheit!

KAPITEL
14

Österreich

A. Fill in the missing verb forms, using the person indicated for each verb.

PRESENT	PAST	PERFECT	GENERAL SUBJUNCTIVE (present tense)
sie liest			
		du hast gehabt	
	sie war		
		ich bin gefahren	
er läuft			
	sie lagen		
		sie ist ausgestiegen	
	ich ging		
ihr werdet			
		sie hat getan	
sie weiß			
	er sprach		
		wir haben gearbeitet	
	ich aß		
sie halten			

B. The first sentence gives the facts. Make wishes contrary to these facts using the general subjunctive. Don't forget to change negative to positive and vice versa. Replace nouns with pronouns whenever possible.

BEISPIEL: Wir haben keine Zeit.

Ich wünschte, *wir hätten Zeit!*

1. Du bist immer so pessimistisch.

   Ich wünschte, du _____!

2. Ich habe Angst.

   Ich wünschte, ich _____!

3. Unsere Gäste kommen nicht.

   Ich wünschte, sie _____!

4. Meine Schwester macht heute nicht mit.

   Ich wünschte, _____!

5. Unsere Großmutter fühlt sich schlecht.

   Ich wünschte, _____!

6. Uwe will nicht Direktor werden.

   Ich wünschte, _____!

7. Daran kann ich mich nicht erinnern.

   Ich wünschte, _____!

8. Mein Mann interessiert sich nicht dafür.

   Ich wünschte, _____!

Cartoon provided by artist, John Scott, Indiana University

C. Your friends are describing their problems to you. Give them advice by using **können** or **sollen** in the subjunctive and the cue provided.

BEISPIEL: Jeden Tag komme ich zu spät zur Deutschstunde. (etwas früher aufstehen)

Du solltest etwas früher aufstehen.

[oder]

Du könntest etwas früher aufstehen.

1. Auf der letzten Reise hat man unser Geld gestohlen. (das nächste Mal / Reiseschecks mit-nehmen)

   Ihr _____

2. Mir tun heute Abend die Beine so weh! (ein warmes Bad nehmen)

   _____

3. Ich werde nachmittags immer so müde. (abends früher schlafen gehen)

   _____

4. Mein Mann und ich können nur schlecht Englisch. (Englischstunden nehmen)

   Ihr _____

5. Ich kann meine Sachen nie finden. (Zimmer aufräumen)

   _____

6. Wir kommen oft zu spät zu unserer ersten Stunde. (das Haus früher verlassen)

   Ihr _____

D. The first two sentences give the facts. Write conditions contrary to these facts, using **würde** in the conclusion clause.

BEISPIEL: Ich habe wenig Zeit. Ich helfe Ihnen nicht.

Wenn ich Zeit hätte, würde ich Ihnen helfen.

1. Ich habe im Moment keinen Durst. Ich bestelle nichts.

   _____

2. Wir haben ein Auto. Wir fahren nie mit der Straßenbahn.

   _____

3. Meine Freunde interessieren sich nicht für Politik. Wir sprechen nicht viel darüber.

   _____

   _____

4. Ich bin schlecht gelaunt. Ich gehe heute Abend nicht aus.

_____

5. Er will mir nicht zuhören. Er unterbricht mich immer.

_____

6. Udo hat wenig Geld. Er kauft sich keinen neuen Laptop.

_____

E. Review noun and verb combinations. Supply the direct objects for each verb cued in English. Put the article in the accusative case. Some words may be used more than once.

Was kann man alles aufmachen?

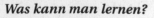

_____eine Tür_____		(*a door*)
_____		(*a window*)
_____		(*a suitcase*)
_____	aufmachen	(*a store*)
_____		(*a bottle*)
_____		(*a letter*)

Was kann man verstehen?

_____		(*the language*)
_____		(*the book*)
_____		(*the people*)
_____		(*the movie*)
_____	verstehen	(*the question*)
_____		(*the answer*)
_____		(*the German language*)
_____		(*the letter*)

Was kann man lernen?

_____		(*a new word*)
_____	lernen	(*a foreign language*)
_____		(*a song*)

Was kann man waschen?

_____ ⎫ (*the car*)

_____ ⎬ waschen (*the dog*)

_____ ⎭ (*a shirt*)

Was kann man (sich) putzen?

_____ ⎫ (*the nose*)

_____ ⎬ putzen (*the shoes*)

_____ ⎭ (*the teeth*)

Was kann man bekommen?

_____ ⎫ (*an answer*)

_____ ⎬ bekommen (*a letter*)

_____ ⎭ (*fear*)

F. Complete these contrary-to-fact conditions with clauses in the subjunctive. You may find some of the phrases from **Übung** E useful.

BEISPIEL: Wenn es nicht so spät wäre, *putzte ich mir die Zähne.*

1. Wenn ich mehr Fremdsprachen könnte, _____

_____

2. Wenn ich einen neuen Sportwagen hätte, _____

_____

3. Wenn ich nur fünf Euro hätte, _____

_____

4. Wenn ich großen Hunger hätte, _____

_____

5. Wenn ich mehr Briefe schriebe, _____

_____

G. First read the facts. Then imagine what you could do if the opposite were true. Begin with a **wenn-**clause and invent your own conclusion. You may find some of the phrases from **Übung** E useful.

> **BEISPIEL:** Ich wohne nicht in Wien.
>
> *Wenn ich in Wien wohnte, könnte ich jeden Tag guten Kaffee trinken.*

1. Ich habe keine Zeit.

_____

2. Es wird dunkel.

_____

3. Meine neue Stelle gefällt mir.

_____

4. Meine Freundin kommt heute leider nicht.

_____

5. Mir ist es heute zu kalt.

_____

6. Ich arbeite nicht gern mit dem Computer.

_____

7. Ich kann kein Chinesisch.

_____

8. Wir haben kein Zimmer frei.

_____

H. Using a time expression from the left-hand column and a verb phrase from the right-hand column, explain how you might live your life differently if you could.

immer	allein sein
meistens	viel reisen
oft	noch studieren
manchmal	gemütlich sitzen
morgens	einen Ausflug machen
nachmittags	faul sein
abends	frühstücken
jeden Tag	Musik hören
jede Woche	sich auf die Arbeit konzentrieren
stundenlang	lachen und froh sein
eine Zeit lang	

BEISPIEL: Ich wünschte, _ich könnte abends gemütlich sitzen._

1. Ich wünschte, ich müsste nicht _____

2. Ich wünschte, ich dürfte _____

3. Ich würde gern _____

4. Ich wünschte, ich könnte _____

5. Ich wünschte, _____

I. Rewrite each question below in the subjunctive to express politeness.

BEISPIEL: Kann ich noch ein Stück Kuchen haben?

Könnte ich noch ein Stück Kuchen haben?

1. Darf ich mir die Wohnung ansehen?

_____?

2. Können Sie bitte langsamer reden?

_____?

3. Machen Sie bitte ein Foto von uns? (+ **würde**)

_____?

4. Hast du jetzt noch etwas Zeit?

_____?

5. Bringen Sie mir bitte auch ein Bier? (+ **würde**)

_____?

J. Give both the present and past general subjunctive forms of the following verb phrases.

	PRESENT SUBJUNCTIVE	PAST SUBJUNCTIVE
ich gebe	ich gäbe	ich hätte gegeben
sie wird		
er arbeitet		
sie gehen		
wir sind		
sie sitzen		
ich lasse		
du weißt		
ich tue		
wir fahren		
sie kommt		
ich schreibe		

K. Below are some things the Ziegler family has done in recent months. Last week Herr Ziegler learned he's being transferred from Bonn to his company's office in Vancouver. Use the past subjunctive to say what they would have done differently if they had had more notice.

BEISPIEL: Herr Ziegler hat im letzten Monat viel im Haus repariert.

   Er hätte nicht so viel repariert.

1. Frau Ziegler hat bei einer neuen Firma angefangen.

_____

2. Sie haben sich einen Zweitwagen gekauft.

_____

3. Sie haben eine große Urlaubsreise geplant.

_____

4. Die Kinder haben in der Schule nur Französisch gelernt.

_____

5. Sie haben den Kindern ein Klavier gekauft.

_____

6. Sie haben ihre Verwandten in Thüringen selten besucht.

_____

L. **Am Flughafen.**

eintragen = offiziell registrieren   die Sicherheit = *security*

Sie warten schon stundenlang an der Sicherheitskontrolle im Flughafen. Sie hören, dass andere Reisende große Probleme bei der Kontrolle haben. Überlegen Sie sich, was Sie anders hätten machen sollen.

BEISPIEL: Ich trage einen viel zu schweren Rücksack. (*einen leichteren tragen sollen*)

Ich hätte einen leichteren tragen sollen.

1. Ich habe mich heute noch gar nicht geduscht. (*sich vor der Abfahrt duschen sollen*)

_____

2. Ich habe jetzt schon großen Hunger. (*sich etwas zum Essen in den Rücksack packen müssen*)

_____

3. Ich habe vergessen, mir bequeme Schuhe anzuziehen. (*sich leichte und praktische Schuhe anziehen sollen*)

_____

4. Ich habe noch kein Geld gewechselt. (*vor der Abfahrt Geld wechseln können*)

_____

5. Ich bin viel zu spät zum Flughafen gekommen. (*sich mehr Zeit lassen sollen*)

_____

6. Ich hätte ... _____.

M. Use the cues provided to explain under what conditions these things would have been possible.

    BEISPIEL: Habt ihr das Museum besucht? (*mehr Zeit haben*)

              Nein, aber wir *hätten es besucht, wenn wir mehr Zeit gehabt hätten.*

    1. Seid ihr schwimmen gegangen? (Wetter wärmer)

        Nein, aber wir _____

        _____

    2. Hast du dir heute etwas gekocht? (Lust haben)

        Nein, aber ich _____

        _____

    3. Hast du eigentlich den Brief eingeworfen? (auf die Post gehen)

        Nein, aber ich _____

        _____

    4. Haben Sie ein Doppelzimmer genommen? (kein Einzelzimmer frei)

        Nein, aber ich _____

        _____

    5. Hast du alles mit Reiseschecks bezahlt? (noch kein Geld wechseln)

        Nein, aber ich _____

        _____

N. Answer the following questions, using **als ob** and translating the cues in English.

    BEISPIEL: Wie sahen Müllers aus? (*as though they had recovered well*)

              Sie sahen aus, als ob sie sich gut erholt hätten.

    1. Wie sah das Auto aus? (*as though it were new*)

        _____

    2. Wie sah Claudias Wohnung aus? (*as though she had tidied up*)

        _____

3. Wie gut sprach Boris Englisch? (*as though he were an American*)

_____

4. Was war Katis Reaktion? (*acted as though she had not heard me*)

_____

O. Which word does *not* belong to the set? This exercise includes vocabulary from **Wortschatz 2**.

BEISPIEL: die Nase, das Ohr, der Fuß, der Mund, das Auge

  der Fuß _____

1. das Haus, die Wohnung, das Zimmer, die Heimat, die Auskunft, die Wohngemeinschaft

_____

2. die Geschichte, die Erzählung, der Witz, der Spiegel

_____

3. selten, öfter, manchmal, offen, täglich

_____

4. morgens, dienstags, mittwochs, donnerstags, freitags

_____

5. einsam, einzige, allein, einige

_____

6. anrufen, probieren, erzählen, berichten, fragen

_____

KAPITEL 15

Kulturelle Vielfalt

A. Supply the correct form of the verb **werden** to complete these passive sentences in the tense indicated.

1. Heute Abend _____ viele junge Leute erwartet. (*present*)

2. _____ du schon eingeladen _____? (*perfect*)

3. Letztes Jahr _____ mein Geburtstag nicht gefeiert. (*simple past*)

4. Ich glaube, ich _____ bald abgeholt. (*present*)

5. Gestern Abend _____ zwei Flaschen Rotwein getrunken. (*simple past*)

6. Hoffentlich _____ ohne den Chef nichts geplant. (*simple past*)

7. Die neuen Fahrräder _____ leider alle schon verkauft _____.
   (*perfect*)

8. Dieser Roman _____ letztes Jahr schon übersetzt _____.
   (*past perfect*)

B. Complete each sentence with the correct form of **werden** and then give the English equivalent. The tense of each sentence is indicated in parentheses. **Note:** Not *all* of these sentences are passive.

BEISPIEL: Nach dem Studium _____ ich eine Stelle suchen müssen. (*future*)

Nach dem Studium _*werde*_ ich eine Stelle suchen müssen.

After college I will have to look for a job.

1. Hans und Sonja _____ am 10. Juni umziehen. (*future*)

   _____

2. Gestern _____ ich einundzwanzig. (*simple past*)

   _____

3. Die Feier _____ im Juni stattfinden! (*future*)

   _____

4. Der Supermarkt _____ schon um sieben Uhr morgens aufgemacht. (*present*)

_____

5. Seine Schwester _____ eine berühmte Schriftstellerin _____.
(*perfect*)

_____

6. Muss das Zimmer nicht irgendwann aufgeräumt _____? (*present*)

_____

7. Viele Umweltprobleme _____ gestern Abend diskutiert _____.
(*perfect*)

_____

C. Write out the following newspaper headlines as full sentences, using the passive construction in the tense indicated. Then rewrite each sentence with the modal verb provided, making sure to use the same tense as in the original headline.

BEISPIEL: Mehr Geld für Freizeitaktivitäten ausgegeben. (*present*)

    a. *Mehr Geld wird für Freizeitaktivitäten ausgegeben.*

    b. (dürfen) *Mehr Geld **darf** für Freizeitaktivitäten **ausgegeben werden**.*

1. EINE NEUE SCHNELLSTRASSE GEBAUT! (*present*)

    a. _____

    b. (sollen) _____

2. Vier Bergsteiger am Wochenende gerettet! (*simple past*)

    a. _____

    b. (können) _____

3. Ein gestohlenes Kunstwerk wiedergefunden! (*present perfect*)

    a. _____

    b. (können) _____

4. IMMER MEHR BUCHHANDLUNGEN GESCHLOSSEN! (*present perfect*)

    a. _____

    b. (müssen) _____

5. Gespräche zwischen den EU-Mitgliedstaaten begonnen! (*simple past*)

    a. _____

    b. (müssen) _____

D. Was ist am Samstagnachmittag in diesem Wohnhaus los? (*Use the passive voice in your answers.*)

1. *Hier wird gesungen.* _____

2. _____

3. _____

4. _____

5. _____

6. _____

7. _____

8. _____

9. _____

10. _____

E. Rewrite each sentence in the active voice, using **man** as the subject. Keep the tense of the original sentence.

> **BEISPIEL:** Die Kinder sind nicht eingeladen worden.
>
> *Man hat die Kinder nicht eingeladen.*

1. Es wurde wochenlang gefeiert.

_____

2. Deutscher Wein wurde getrunken.

_____

3. Das darf nicht vergessen werden.

_____

4. Mir wurde keine Antwort gegeben.

_____

5. Seine Erzählung ist unterbrochen worden.

_____

6. Hoffentlich kann ihre Adresse gefunden werden.

_____

F. The following sentences use the impersonal passive construction. Give an English equivalent for each one. There are several possible answers.

1. Es wird viel über die Wirtschaft berichtet.

_____

2. An der Kasse wird gezahlt.

_____

3. Hoffentlich wird mir geholfen.

_____

4. Warum wurde nicht über dieses Problem gesprochen?

_____

5. Bei uns wird oft bis zwei Uhr getanzt.

_____

6. An der Uni wird viel über Politik geredet.

_____

G. Review time expressions. Answer the following questions with complete sentences. Begin your answer with the time expression cued in English.

BEISPIEL: Wann werden Sie diesen Artikel schreiben? (*next week*)

Nächste Woche werde ich ihn schreiben.

1. Wann werden Sie wieder Deutsch belegen? (*next year*)

_____

2. Wann seid ihr zum letzten Mal zu Hause gewesen? (*last month*)

_____

3. Wann gehst du meistens schlafen? (*around twelve o'clock*)

_____

4. Wann wollen Sie mit Ihrem Rechtsanwalt sprechen? (*tomorrow morning*)

_____

5. Wie lange wird Jutta bei eurer Firma bleiben? (*a whole year*)

_____

6. Wie lange hatte er auf eine Antwort von der Firma gewartet? (*for weeks*)

_____

H. Fill in the blank with a noun or verb derived from the base word, or with the English equivalent.

1. fahren   =   to drive

die Fahrkarte _____   =   ticket

_____   =   *to ski*

_____   =   *bicycle*

_____   =   *to depart*

2. das Zimmer   =   *room*

_____   =   *bathroom*

das Esszimmer   =   _____

das Wohnzimmer   =   _____

das Schlafzimmer   =   _____

_____   =   *single room*

3. das Buch   = *book*

_____ = *bookstore*

das Bücherregal   = _____

4. fliegen   = *to fly*

der Flughafen   = _____

_____ = *airplane*

5. die Karte   = *ticket, map*

_____ = *postcard*

die Landkarte   = _____

die Wanderkarte   = _____

Immer mehr Deutsche buchen Urlaub im Netz

Favoriten bei Internet-Buchungen

Anzahl der Deutschen über 14 Jahre, die 2007 bestimmte Leistungen
für den Urlaub online gebucht haben

Unterkunft	4,5 Mio.
Flugticket	3,0 Mio.
Pauschalreise*	2,6 Mio.
Eintrittskarte	1,3 Mio.
Mietauto	1,1 Mio.
Fahrkarte	0,8 Mio.

Quelle: VIR/BITKOM/Reiseanalyse 2008   *inkl. Bausteinreisen

BITKOM

buchen = reservieren
im Netz = im Internet
die Anzahl = die Zahl
die Leistungen = *services*
die Unterkunft = wo man übernachten kann, z.B. im Hotel, bei einer Jugendherberge
eine Pauschalreise = eine Reise, die vom Reisebüro geplant wird
eine Bausteinreise = eine Reise, die aus verschiedenen Bausteinen (*elements*) geplant wird
eine Eintrittskarte = eine Karte fürs Theater, Konzert
ein Mietauto = ein Auto, das pro Tag gemietet werden kann (mieten = *to rent*)

I. Answer the following questions, using adjectives made from the present participles of the verbs in parentheses. Include the definite articles in the noun phrase.

BEISPIEL: Wen wollte die Mutter nicht stören? (schlafen / Kinder)

Sie wollte die schlafenden Kinder nicht stören.

1. Worüber schreiben die Journalisten? (über / steigen / Preise)

   _____

2. Wo kann ich etwas darüber lesen? (im / folgen / Artikel)

   _____

3. Wovon spricht der Professor? (von / wachsen / Gefahr)

   _____

4. Wann findet die große Demonstration statt? (am / kommen / Sonntag)

   _____

J. Vocabulary review. For each sentence choose the best equivalent.

1. Was meinst du dazu?

   a. Was bedeutet das?

   b. Welche Person meinst du?

   c. Was sagst du zu unserem Plan?

2. Ich finde dieses Einzelzimmer nicht schlecht.

   a. Ich habe keine Schwierigkeiten ein Zimmer zu finden.

   b. Dieses Zimmer gefällt mir.

   c. Ich kann das Zimmer nicht finden.

3. Lieber nicht in die Mensa!

   a. Ich sitze gern in der Mensa.

   b. Ich möchte heute nicht essen.

   c. Gehen wir doch ins Restaurant.

4. Sie haben schon Recht!

   a. Es stimmt schon, was Sie sagen.

   b. Das haben Sie früher schon gesagt.

   c. Sie sagen es richtig.

5. Was für eine Briefmarke ist das?

    a. Was ist denn „eine Briefmarke"?

    b. Wo kommt die Briefmarke her?

    c. Ist die Briefmarke für mich?

6. Zeig mal her!

    a. Das möchte ich auch mal sehen.

    b. Das gehört mir.

    c. Gib es mir bitte zurück.

K. Choose the appropriate German equivalent for *think* and write it in the correct blank.

    denken • denken an • finden • glauben • meinen • sich etwas überlegen

1. Ich _____ , wir müssen an der nächsten Haltestelle aussteigen.

2. Mein Opa _____ gern _____ seine Jugend.

3. Ich muss _____ die Antwort genau _____ .

4. Du _____ sicher anders als die meisten Leute.

5. Bernd und Marion _____ , wir sollten noch ein paar Minuten auf sie warten. Vielleicht kommen sie doch.

6. „Das ist ein sehr erwachsener junger Mann." „Ja, das _____ ich auch."

L. Review the *verb + preposition* combinations. Write the correct preposition and the appropriate case for the prepositional object (e.g., gehören **zu** + *dat.*, schreiben **über** + *acc.*).

    auf • um • an • für • über • vor

1. halten _____ + _____

2. sich aufregen _____ + _____

3. bitten _____ + _____

4. sich gewöhnen _____ + _____

5. sich freuen _____ + _____

6. warten _____ + _____

7. ankommen _____ + _____

8. sich interessieren _____ + _____

9. lachen _____ + _____

10. sich kümmern _____ + _____

11. sich erinnern _____ + _____

12. sich vorbereiten _____ + _____

13. sich konzentrieren _____ + _____

14. Angst haben _____ + _____

M. Use at least 6 of the 14 verbs in **Übung L** to write the conversation taking place in the drawing below. Remember to use **wo**-compounds and **da**-compounds as appropriate.

BEISPIEL: „Woran denkst du gerade?"

„Ich denke an mein nächstes Urlaubsziel."

„So? Daran denke ich auch gerade. Wann machst du denn Urlaub?"

_____

_____

_____

_____

_____

_____

_____

_____

_____

_____

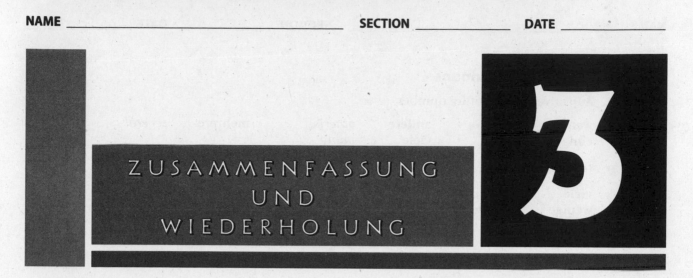

ZUSAMMENFASSUNG UND WIEDERHOLUNG

3

(Kapitel 11–15)

FORMS

1. Relative pronouns and relative clauses

A. Forms of relative pronouns
p. 332

	Masculine	Neuter	Feminine	Plural
nominative	der	das	die	die
accusative	den	das	die	die
dative	dem	dem	der	denen
genitive	dessen	dessen	deren	deren

B. Rules for use
pp. 332–333

1. The relative pronoun refers to an antecedent, a word that precedes it.

2. The relative pronoun agrees with its antecedent in number and gender.

3. The case of the relative pronoun is determined by its function in the relative clause.

4. Only a preposition may precede the relative pronoun in the relative clause.

5. The relative clause has verb-last word order and is set off by commas.

	antecedent	*relative pronoun*	
Das ist	**der Film,**	**der**	jetzt läuft.
		an den	ich mich nicht erinnern konnte.
		von dem	man so viel redet.
		dessen	Anfang mir so gut gefällt.

C. Was as a relative pronoun
pp. 336–337

Was is the relative pronoun when the antecedent is:

1. **etwas, nichts, viel, wenig, alles**

   Das war **alles, was** sie sagte.

2. a neuter adjectival noun

   Das war **das Schönste, was** ich je gesehen hatte.

3. an entire clause

   Sie wollen jetzt schlafen, was ich gut verstehen kann.

2. Adjectives and pronouns

A. Adjectives of indefinite number   p. 300

wenige	*few*	**andere**	*other(s)*	**mehrere**	*several*
einige	*some*	**viele**	*many*		

B. Indefinite pronouns for people   p. 301

viele	*many people*	**einige**	*some people, some*
wenige	*few people*	**andere**	*other people, others*

C. Adjectival nouns

Adjectival nouns are capitalized and receive adjective endings.

1. Referring to people: Masculine and feminine singular and plural   pp. 301–302

attributive adjective	**vs.**	**adjectival noun**
unsere **kleine** Tochter		**Unsere Kleine** ist heute krank. *Our little girl is sick today.*
ein **deutscher** Student		Dieser Student ist **Deutscher**. *This student is a German.*
mit **kranken** Menschen		Ich will mit **Kranken** arbeiten. *I want to work with sick people.*

The following words are *always* adjectival nouns:

der / die **Bekannte***	*acquaintance, friend*
der / die **Deutsche***	*German*
der / die **Verwandte***	*relative*
der **Beamte***	*official (m.)*

BUT: **die Beamtin** is not an adjectival noun

2. Referring to qualities: Neuter, singular only   pp. 303–304

Das ist das Schönste, was ich je gesehen habe.	*That's the most beautiful thing I've ever seen.*
Haben Sie **etwas Billigeres**?	*Do you have anything cheaper?*
Ich habe **nichts Interessantes** gehört.	*I have not heard anything interesting.*

D. Comparison of adjectives and adverbs   pp. 323–324

1. Basic forms

positive degree	**comparative degree (+ er)**	**superlative degree (am -(e)sten)**
glücklich	glücklicher	**am** glücklichsten
interessant	interessanter	**am** interessantesten

2. With adjective endings

eine	glückliche	Kindheit	*a happy childhood*
eine	glücklichere	Kindheit	*a happier childhood*
die	glücklichste	Kindheit	*the happiest childhood*

interessante	Ideen	*interesting ideas*
interessantere	Ideen	*more interesting ideas*
die interessantesten	Ideen	*the most interesting ideas*

---

* Note how the ending differs after an **ein**-word: **ein Bekannter, ein Deutscher**.

Note the two possibilities in the superlative of predicate adjectives: p. 327

Diese Ideen sind **am interessantesten**.
Diese Ideen sind **die interessantesten**.

3. Adjectives and adverbs with umlaut in the comparative and superlative p. 328

old	alt	älter	am ältesten
young	jung	jünger	am jüngsten
dumb	dumm	dümmer	am dümmsten
smart	klug	klüger	am klügsten
cold	kalt	kälter	am kältesten
warm	warm	wärmer	am wärmsten
short	kurz	kürzer	am kürzesten
long	lang	länger	am längsten
strong	stark	stärker	am stärksten
weak	schwach	schwächer	am schwächsten
sick	krank	kränker	am kränksten
healthy	gesund	gesünder	am gesündesten
poor	arm	ärmer	am ärmsten
hard, harsh	hart	härter	am härtesten
often	oft	öfter	am öftesten
red	rot	röter	am rötesten
black	schwarz	schwärzer	am schwärzesten

4. Irregular comparatives and superlatives p. 329

big	groß	größer	am größten
good, well	gut	besser	am besten
high	hoch, hoh-	höher	am höchsten
near	nahe	näher	am nächsten
much, many	viel	mehr	am meisten
gladly	gern	lieber	am liebsten
		(preferably, rather)	*(to like most of all to)*

E. Participles as adjectives

1. Present participles as adjectives and adverbs (infinitive + **-d**) p. 423

schlafen + **-d** → **schlafend** *sleeping*
spielen + **-d** → **spielend** *playing*

As an adjective, the present participle takes the usual adjective endings.

Stört das **schlafende** Mädchen nicht.   *Don't disturb the **sleeping** girl.*
Spielende Kinder sind manchmal laut.   ***Playing** children are sometimes loud.*

2. Past participles as adjectives p. 308

Gut **vorbereitete** Studenten lernen am meisten.   *Well-**prepared** students learn the most.*
Ich muss meinen **reparierten** Wagen heute abholen.   *I have to pick up my **repaired** car today.*

Past participles as adjectives also take the usual adjective endings.

3. Verbs

A. The verb **lassen** pp. 337–339

1. *to leave (something or someone), leave behind* (perfect tense: **hat gelassen**):

   Lassen Sie mich allein.
   Hast du deine Kamera im Hotel **gelassen?**

2. *to allow, let* (perfect tense: double infinitive)

   Sie **lassen** uns heute Nacht hier schlafen.
   Sie haben uns bis neun Uhr **schlafen lassen.**

3. *to have or order something done* (perfect tense: double infinitive)

   Sie **lässt** den Arzt kommen.
   Sie **hat** den Arzt **kommen lassen.**

   A noun or pronoun in the dative indicates for whom the action is performed:

   Ich lasse **mir** das Essen bringen.

B. Reflexive verbs and pronouns pp. 292–298

1. Accusative and dative reflexive pronouns

	Accusative	*Dative*
ich	mich	mir
du	dich	dir
er, es, sie	**sich**	**sich**
wir	uns	uns
ihr	euch	euch
sie, Sie	**sich**	**sich**

2. Accusative reflexive verbs p. 295

   The reflexive pronoun is *accusative* when the subject and direct
   object are the same person or thing.

Subject	Acc. reflex./ dir. obj.	
Ich	habe	**mich** verletzt.
Wir	haben	**uns** kennen gelernt.
Stefan	muss	**sich** beeilen.
Steffi	hat	**sich** erkältet.

3. Dative reflexive verbs pp. 296–298

   The reflexive pronoun is *dative* when the subject and indirect object
   are the same person or thing (something else is the direct object).

Subject	Dat. reflex./ indir. obj.	Direct object
Ich	kaufte	**mir**	einen Hut.
Du	bestellst	**dir**	ein Bier.
Wir	sehen	**uns**	die Altstadt an.

C. List of reflexive verbs

The following reflexive verbs have been introduced in *Neue Horizonte*.

sich ändern	*to change*
sich etwas ansehen	*to have a look at something*
sich anziehen	*to get dressed*
sich ausziehen	*to get undressed*
sich baden	*to take a bath, bathe*
sich beeilen	*to hurry*
sich duschen	*to take a shower*
sich erinnern an	*to remember*
sich erkälten	*to catch a cold*
sich freuen	*to be happy*
sich fühlen	*to feel*
sich die Haare kämmen	*to comb one's hair*
sich etwas leisten können	*to be able to afford something*
sich die Zähne putzen	*to brush one's teeth*
sich rasieren	*to shave*
sich schminken	*to put on makeup*
sich setzen	*to sit down*
sich verletzen	*to hurt oneself*
sich verloben mit	*to get engaged to*
sich verspäten	*to be late*
sich etwas vorstellen	*to imagine something*
sich waschen	*to wash oneself*

4. Future tense

pp. 360–361

Inflected form of **werden** + *infinitive*

auxiliary		*infinitive*	
Ich **werde** das in Zukunft		**empfehlen**.	*I will recommend that in the future.*
Sie **wird** dich nicht		**verstehen**.	*She will not understand you.*

5. General subjunctive

A. Present tense of the general subjunctive

pp. 385–393

1. Weak verbs

p. 390

Present subjunctive of the weak verbs has the same form as past indicative:

wenn ich wohn**te**	*if I lived*	wenn wir wohn**ten**	*if we lived*
wenn du wohn**test**	*if you lived*	wenn ihr wohn**tet**	*if you lived*
wenn sie wohn**te**	*if she lived*	wenn sie, Sie wohn**ten**	*if they, you lived*

2. Strong verbs

pp. 388–389

The form of the present subjunctive =
simple past stem + *umlaut* (whenever possible) + *subjunctive endings*

NOTE: The subjunctive endings are the same as the endings for the conjugation of **möchten**.

fahren	simple past stem: **fuhr**		
wenn ich **führe**	*if I drove*	wenn wir **führen**	*if we drove*
wenn du **führest**	*if you drove*	wenn ihr **führet**	*if you drove*
wenn er **führe**	*if he drove*	wenn sie, Sie **führen**	*if they, you drove*

sein	simple past stem: **war**		
wenn ich **wäre**	*if I were*	wenn wir **wären**	*if we were*
wenn du **wärest**	*if you were*	wenn ihr **wäret**	*if you were*
wenn sie **wäre**	*if she were*	wenn sie, Sie **wären**	*if they, you were*

3. Modal verbs   p. 386

The form of the present subjunctive =
simple past indicative (**ich sollte, durfte**) + *umlaut* (when infinitive has
umlaut: **ich sollte, dürfte**)

ich **dürfte**	*I would be allowed*	ich **müsste**	*I would have to*
ich **könnte**	*I could*	ich **sollte**	*I ought to*
ich **möchte**	*I would like to*	ich **wollte**	*I would want to*

4. Verbs **haben** and **wissen**   p. 388

The form of the present subjunctive =
past indicative (**hatte, wusste**) + *umlaut* (**hätte, wüsste**):

wenn ich **hätte**	*if I had*	wenn wir **hätten**	*if we had*
wenn du **hättest**	*if you had*	wenn ihr **hättet**	*if you had*
wenn sie **hätte**	*if she had*	wenn sie/Sie **hätten**	*if they/you had*

wenn ich **wüsste**	*if I knew*	wenn wir **wüssten**	*if we knew*
wenn du **wüsstest**	*if you knew*	wenn ihr **wüsstet**	*if you knew*
wenn sie **wüsste**	*if she knew*	wenn sie/Sie **wüssten**	*if they/you knew*

5. Present subjunctive with **würden**   p. 385

ich **würde kommen**	*I would come*	wir **würden kommen**	*we would come*
du **würdest kommen**	*you would come*	ihr **würdet kommen**	*you would come*
er **würde kommen**	*he would come*	sie/Sie **würden kommen**	*they/you would come*

B. Past tense of the general subjunctive   pp. 394–395

1. Verbs with **sein** or **haben**

Present subjunctive of **sein** or **haben** + *past participle*

Ich **hätte** auf dich **gewartet**.   *I **would have waited** for you.*
Wir **wären** gestern Abend **gekommen**.   *We **would have come** yesterday evening.*

2. Of modal verbs

Present subjunctive of **haben** + *double infinitive*

Ihr **hättet** länger **warten sollen**.   *You **should have waited** longer.*
Sie **hätte** auch **mitkommen dürfen**.   *She **would have been allowed to
                                             come along** too.*

6. Passive voice   pp. 412–420

A. Basic conjugation   pp. 412–413

Inflected form of *werden* + *past participle*			
passive infinitive		gesehen werden	*to be seen*
present	Er **wird**	gesehen.	*He is seen.*
past	Er **wurde**	gesehen.	*He was seen.*
future	Er **wird**	gesehen werden.	*He will be seen.*
perfect	Er **ist**	gesehen worden.	*He has been seen.* or *He was seen.*
past perfect	Er **war**	gesehen worden.	*He had been seen.*

B. Passive with a modal verb   p. 417

Inflected modal + *passive indefinite*			
present	Das **muss**	geändert werden.	*That must be changed.*
past	Das **musste**	geändert werden.	*That had to be changed.*
future	Das **wird**	geändert werden müssen.	*That will have to be changed.*
perfect	Das **hat**	geändert werden müssen.	*That had to be changed.*
past perfect	Das **hatte**	geändert werden müssen.	*That had had to be changed.*

C. Impersonal passive construction (for human activities)   p. 420

The verb is *always* third-person singular. There is no expressed subject.

Hier **wird** oft **getanzt**.   *There's often dancing here.*

Impersonal **es** begins the sentence if no other element occupies first position.

Es wird hier oft getanzt.   BUT: Heute Abend wird getanzt.

7. Prepositional complements   pp. 354–356

A. Verbs with prepositional complements

Here is a list of all the verbs with prepositional complements that you have learned.

Angst haben vor (+ *dat.*)	*to be afraid of*
antworten auf (+ *acc.*)	*to answer something*
arbeiten an (+ *dat.*)	*to work on*
sich ärgern über (+ *acc.*)	*to get annoyed at, be annoyed about*
aufpassen auf (+ *acc.*)	*to look after; pay attention to*
sich aufregen über (+ *acc.*)	*to get upset, excited about*
bitten um	*to ask for, request*
denken an (+ *acc.*)	*to think of*
sich erholen von	*to recover from*
erinnern an (+ *acc.*)	*to remind of*
sich erinnern an (+ *acc.*)	*to remember*
sich freuen auf (+ *acc.*)	*to look forward to*
sich gewöhnen an (+ *acc.*)	*to get used to*
halten für	*to take for, regard as, think X is*
sich interessieren für	*to be interested in*
sich konzentrieren auf (+ *acc.*)	*to concentrate on*
sich kümmern um	*to look after, take care of, deal with*

reagieren auf (+ *acc.*)	*to react to*
sprechen (schreiben, lesen, lachen usw.) über (+ *acc.*)	*to talk (write, read, laugh, etc.) about*
teilnehmen an (+ *dat.*)	*to take part in*
sich verloben mit	*to become engaged to*
sich vorbereiten auf (+ *acc.*)	*to prepare for*
warten auf (+ *acc.*)	*to wait for*
sich wundern über (+ *acc.*)	*to be surprised, amazed at*

B. The **da-** and **wo-**compounds   pp. 358–359

Use a **da-** or **wo-**compound instead of a *preposition* + *pronoun* when the prepositional object is an inanimate noun.

animate noun object

Er dachte **an seine Freundin.**
Sie interessiert sich **für Goethe.**

pronoun object

Er dachte **an sie.**
Für wen interessiert sie sich?

inanimate noun object

Er dachte an **die Deutschstunde.**
Sie interessiert sich **für Geschichte.**

da- or **wo-**compound

Er dachte **daran.**
Wofür interessiert sie sich?

FUNCTIONS

1. Making comparisons

A. **genauso ... wie** = *just as . . . as* (with positive degree)   pp. 323, 331

nicht so ... wie = *not as . . . as*

Die zweite Erzählung war **nicht so interessant wie** die erste.

B. **als** = *than* (with comparative degree)   pp. 323, 324

Jetzt sind die Preise **höher als** letztes Jahr.

C. **immer** + *comparative degree* indicates progressive change   p. 331

Im Frühling werden die Tage **immer länger.**

2. Specifying time

A. In what part of the day?   p. 342

gestern Abend	*yesterday evening*
heute Abend	*this evening*
in der Nacht	*at night*
morgen früh	*tomorrow morning*
morgen Nachmittag	*tomorrow afternoon*

B. In what decade? **die 30er (dreißiger) Jahre** = *the thirties*   p. 305

die goldenen 20er (zwanziger) Jahre	*the golden 20s (twenties)*
während der 60er Jahre	*during the 80s*
in den frühen 90er Jahren	*in the early 90s*

The number does not inflect as an adjective, regardless of case.

C. Time phrases with **Mal** and **-mal**   pp. 340–341

   1. **das Mal** = *time* (in the sense of "an occurrence")

      das erste (zweite, dritte) Mal   *the first (second, third) time*
      zum ersten (zweiten) Mal   *for the first (second) time*

   2. cardinal number + **-mal** = *how many times*

      Ich bin **einmal** dort gewesen.   *I've been there once.*
      Den Film habe ich **dreimal** gesehen.   *I've seen the film three times.*
      Das habe ich schon **zigmal** gesagt.   *I've said that umpteen times.*

3. Talking about clothing and parts of the body   p. 298

German usually uses dative pronouns, not possessive adjectives, when talking about clothing and parts of the body.

Meine Freundin schneidet **mir** die Haare.   *My girlfriend cuts **my** hair.*
Ziehen Sie **sich** den Mantel an.   *Put on **your** coat.*
Stefanie hat **sich** das Bein gebrochen.   *Stefanie broke **her** leg.*
Ich muss **mir** die Zähne putzen.   *I have to brush **my** teeth.*

4. Setting a scene with *bei*   p. 305

bei = *while . . . ing,* or *at* (an activity or someone's home or business)

Die laute Musik stört mich **beim Lesen**.
Marion ist heute **bei ihren Verwandten**.

5. Stating conditions and wishes contrary to fact

   A. Conditions contrary to fact   p. 390

Condition	Conclusion
Wenn ... (subjunctive verb),	(subjunctive verb) ...
Wenn ich Zeit **hätte**,	**würde** ich Ihnen helfen.
... (subjunctive verb) ... ,	**wenn** ... (subjunctive verb).
Ich **würde** Ihnen helfen,	**wenn** ich Zeit **hätte**.

   B. Wishes contrary to fact   p. 388

Ich wünschte, ... (subjunctive verb) ...
Ich **wünschte**, ich **könnte** mir   *I wish I could afford*
   etwas Besseres leisten.   *something better.*

6. Making suggestions   p. 387

German uses the subjunctive for suggestions, where English uses *would, could,* or *ought to.*

Du **solltest** daran denken.   *You **ought to** think of that.*
Wir **könnten** nach Grinzing fahren.   *We **could** drive to Grinzing.*

7. Making polite requests   p. 393

Use the subjunctive for polite requests. Note the difference in tone between the indicative and subjunctive.

Haben Sie ein Zimmer frei?   *Do you have a room free?*
Hätten Sie ein Zimmer frei?   *Would you have a room free?*

8. Describing with *als ob*

p. 396

Es war,
Er tut,   } **als ob** ... (subjunctive verb)
Sie sah aus,

Sie sehen aus, **als ob** Sie   *You look as if you had slept badly.*
schlecht **geschlafen hätten.**

9. Indicating direction

pp. 362–364

A. Away from the speaker: **hin**

B. Toward the speaker: **her**

10. Wanting X to do Y

p. 365

Use **möchten** or **wollen** followed by a **dass**-clause.

Wollen Sie, **dass** ich später vorbeikomme?   *Do you want me to come by later?*
Nein, **ich möchte, dass** wir   *No, I'd like us to talk briefly*
jetzt kurz zusammen reden.   *together right now.*

USEFUL IDIOMS AND EXPRESSIONS

You should be able to use all these idioms and expressions actively.

1. Specifying time

In Zukunft werde ich mehr Geld brauchen.
Eines Tages müssen wir das erledigen.
Wir haben schon **fünfmal** gefragt.
Wir hören das **zum ersten Mal**.
Von jetzt an werde ich immer gleich um Hilfe bitten.
Wir haben **jahrelang** darauf gewartet.
Ich habe **eine Zeit lang** in der Türkei gearbeitet.

2. Requesting information

Kennen Sie sich hier aus?
Darf ich Sie um Auskunft bitten?
Was ist aus ihm geworden?
Weißt du noch?
Wie komme ich dahin?
Worum geht es in dem Buch, das du liest?
Was gibt's Neues?

3. Expressing reactions and opinions

Das kann ich nicht ernst nehmen.
Das muss ich mir überlegen.
Ich bin baff!
Das ist schade.
Das tut mir weh.
Das wäre schön!
Verflixt nochmal! = So ein Mist!
Es kommt darauf an.
Viel Spaß!
Danke, gleichfalls!
Gute Besserung!

4. Colloquialisms

Ich bin leider **knapp bei Kasse**. = ich habe wenig Geld.
Ich habe **Riesenhunger**. = … sehr großen Hunger.
Das geht mir nicht aus dem Kopf. = Das kann ich nicht vergessen.

5. Making requests and commands

Hören Sie gut zu!
Sei mir bitte nicht böse!
Herein!
Passen Sie auf!
Schau mal!
Zeig mal her.

6. Introducing people

Darf ich (dir / Ihnen) meinen Freund Jan vorstellen?
Darf ich mich vorstellen?
Angenehm. / Freut mich.

TEST YOUR PROGRESS

Check your answers with the Self-Test Answer Key at the end of this Student Activities Manual.

A. Complete these sentences with the appropriate reflexive phrase cued in English.

1. Ich höre, dein Vater hat _____ (*got hurt*).

2. Ja, aber Gott sei Dank _____ (*he already feels*) viel besser.

3. Stimmt es, dass Rita und Rudi _____ (*have gotten engaged*)?

4. Richtig, darum _____ (*they're happy*) so sehr.

5. Komm doch, wir müssen _____ (*hurry up*).

6. Hast du _____ (*already gotten dressed*)?

7. Noch nicht, die Zeitung möchte ich _____ (*have a look at*).

B. Use the verb **lassen** in the German equivalents of these sentences.

1. Please let me stay!

   _____

2. Did you leave your luggage in the car?

   _____

3. I'm having the food brought to me.

   _____

4. Did you have the doctor come? (*use perfect tense*)

   _____

5. Leave your coat on the chair.

   _____

6. Can we let the children play for another hour?

   _____

C. Restate each sentence, putting the adjective or adverb into the comparative and then into the superlative.

BEISPIEL: Unsere Cousine ist *eine gute* Schülerin.

*Unsere Cousine ist **eine bessere** Schülerin.*

*Unsere Cousine ist **die beste** Schülerin.*

1. Ich würde *gern* deutschen Wein trinken.

_____

_____

2. Die Menschen aus dieser Gegend sind *arm*.

_____

_____

3. Ihren Namen habe ich *oft* gehört.

_____

_____

4. Das ist ja *ein starker* Kaffee.

_____

_____

5. Schmidts haben *viele* Kinder.

_____

_____

6. Mein Mantel ist *warm*.

_____

_____

7. Man hat hier *große* Gebäude gebaut.

_____

_____

8. *Viele* Menschen verstehen mich nicht.

_____

_____

9. Wer fand diese Geschichte *interessant*?

_____

_____

10. Das scheint ein *teures* Fahrrad zu sein.

_____

_____

D. Fill in the blanks with the appropriate relative pronoun.

1. Wie heißt der Chef, für _____ Sie arbeiten?

2. Er heißt Kurt Martens und sein Sohn, mit _____ ich zur Schule ging, heißt Knut.

3. Ist das nicht der Junge, _____ (*whose*) Foto in der Zeitung war?

4. Ja, die Fußballmannschaft, für _____ er spielt, hat letzte Woche gewonnen.

5. Auf der Speisekarte ist nichts, _____ ich nicht schon kenne.

6. Was war das Schönste, _____ du dort gemacht hast?

7. Ich habe nette Leute kennen gelernt, mit _____ ich über alles reden konnte.

8. Die Professorin, bei _____ ich ein Seminar über deutsche Literatur belegte, hat mir wirklich viel geholfen.

9. Die deutschen Studenten, _____ im Studentenwohnheim wohnten, waren auch sehr sympathisch.

10. Ja, das war etwas, _____ ich nie vergessen kann.

E. Insert a phrase with **Mal** or **-mal** into these sentences.

1. Das war _____ (*the last time*), dass ich sie gesehen habe.

2. Ich werde ihn _____ (*one more time*) fragen.

3. Seid ihr mehr als _____ (*three times*) in der Schweiz gewesen?

4. Ja, das _____ (*second time*) war ich erst elf Jahre alt.

5. Aber _____ (*back then*) konnte ich noch nicht so gut Deutsch wie jetzt.

6. Nächsten Sommer fahre ich _____ (*for the fourth time*) nach Zürich.

F. Provide the German prepositional phrase cued in English (the English equivalent may not contain a preposition).

1. Wie lange warten Sie schon (*for something new*)?

   _____

2. Wie habt ihr (*to her idea*) reagiert?

   _____

3. Ich kann mich sehr gut (*my childhood*) erinnern.

   _____

4. Wir müssen uns (*for the test*) vorbereiten.

   _____

5. Kannst du dich bei diesem Wetter (*on your work*) konzentrieren?

   _____

6. Ich kümmere mich nicht genug (*of my health*).

   _____

7. Willst du (*in the discussion*) teilnehmen?

   _____

8. Nein, ich interessiere mich nicht (*in such problems*).

   _____

9. Ich kann mich nicht (*to your friends*) gewöhnen.

   _____

10. Denkt Rolf noch (*of me*)?

    _____

11. Natürlich. Er bat mich (*for your address*).

    _____

12. Meine Schwester hat sich (*to a German*) verlobt.

    _____

13. (*About this topic*) haben sich die Studenten sehr aufgeregt.

    _____

14. Er erinnert mich (*of his father*).

    _____

G. Answer the following questions affirmatively. Replace the prepositional phrase with a **da**-compound or the personal object with a pronoun.

BEISPIELE: Bereiten Sie sich auf Ihre Reise vor?

*Ja, wir bereiten uns **darauf** vor.*

Erinnern Sie sich noch an meine ältere Schwester?

*Ja, ich erinnere mich noch **an sie.***

1. Haben Sie auf seinen Brief geantwortet?

_____

2. Interessieren Sie sich für klassische Musik?

_____

3. Kannst du dich an dieses Auto gewöhnen?

_____

4. Hat Sabina sich um ihren Bruder gekümmert?

_____

5. Hast du dich über seine Reaktion gewundert?

_____

6. Habt ihr auch an die anderen Studenten gedacht?

_____

H. Read the facts below and write conditional sentences contrary to these facts. Use the general subjunctive.

BEISPIEL: Weil du viel Tennis spielst, bist du fit.

***Wenn** du nicht viel Tennis spieltest, wärest du nicht fit.*

1. Weil du nur halbtags arbeitest, haben wir nicht genug Geld.

_____

2. Wir haben nichts gekauft, weil der Laden noch nicht auf war.

_____

3. Weil er nicht freundlich ist, kann man nicht leicht mit ihm reden.

_____

4. Weil die Straßenbahn hier nicht weiter fährt, müssen wir jetzt laufen.

_____

5. Ich habe ihr nicht gratuliert, weil ich nicht wusste, dass sie heute Geburtstag hat.

_____

I. Read the facts below and use the subjunctive to write wishes contrary to these facts. Begin the sentence with **Ich wünschte ...**

   BEISPIEL: Wir haben nicht genug Zeit.

   Ich wünschte, wir hätten genug Zeit.

   1. Wir sind noch nicht angekommen.

   _____

   2. Heute Morgen haben wir die Wohnung nicht aufgeräumt.

   _____

   3. In der Altstadt gibt es kein Café.

   _____

   4. Leider habe ich meine Reiseschecks vergessen.

   _____

   5. Die Preise sind gestiegen.

   _____

J. Respond to each sentence by saying that the persons under discussion only *look* as though something were the case.

   BEISPIEL: Ist Rolf wirklich so optimistisch?

   Nein, er sieht nur aus, als ob er optimistisch **wäre.**

   1. Sind deine Mitbewohner wirklich so ordentlich?

   _____

   2. Haben deine Freunde wirklich so viel Geld?

   _____

   3. Ist Jutta wirklich so konservativ geworden?

   _____

   4. Ist Frank wirklich gerade aus den Ferien zurückgekommen?

   _____

K. Make these requests more polite by putting them into the subjunctive.

1. Darf ich mich hier hin setzen?

_____

2. Darf ich eine Frage stellen?

_____

3. Tragen Sie mir den Koffer an das Gleis?

_____

4. Haben Sie ein Zimmer mit Bad?

_____

5. Wann soll ich das für Sie machen?

_____

L. Restate the following sentences in the passive. Keep the same tense as the active sentence.

BEISPIEL: Max baut dieses Haus.

*Dieses Haus **wird** von Max **gebaut.***

1. Karl hat diesen Brief geschrieben.

_____

2. Hinter dem Dom baute die Stadt eine neue Schule.

_____

3. Professor Müller hält die Vorlesung.

_____

4. Viele Studenten haben diese Zeitung gelesen.

_____

5. Mein Freund wird dieses Problem lösen.

_____

M. Restate the sentences in the passive.

BEISPIEL: Wer soll diese Frage beantworten?

Von wem soll diese Frage **beantwortet werden**?

1. Das kann der Chef irgendwann entscheiden.

   _____

2. Das Buch soll man ein zweites Mal lesen.

   _____

3. Unseren Zweitwagen müssen wir leider verkaufen.

   _____

4. Ein solches Klischee kann man nicht ernst nehmen.

   _____

5. Können alle Schüler die Frage verstehen?

   _____

N. Replace the verb in parentheses with an adjective formed from its present or past participle. Don't forget adjective endings.

BEISPIEL: Wann werden die _____ (bestellen) Bücher endlich ankommen?

Wann werden die _bestellten_ Bücher endlich ankommen?

1. Ich kann bei _____ (schließen) Fenstern nicht schlafen.

2. Gott sei Dank habe ich das _____ (verlieren) Geld wieder gefunden.

3. Der Verkehr auf der Straße hat die _____ (schlafen) Gäste gestört.

4. Dieser Historiker hat viele _____ (vergessen) Namen genannt.

5. Der gerade _____ (abfahren) Zug fährt nach Madrid.

O. Wie sagt man das auf Deutsch?

1. What are you thinking of?

   _____

2. I thought the book was very interesting.

   _____

3. I have to think about that for a while.

   _____

4. We could go to Grinzing. What do *you* think?

   _____

5. I think that's a good answer.

   _____

LAB MANUAL

The Lab Manual section of the SAM

accompanies the SAM Audio Program.

EINFÜHRUNG
(INTRODUCTION)

In this introductory chapter (**Einführung**) you will learn the alphabet, the sounds of German, and some phrases and short dialogues. Later on, you may return to this section of the audio program in order to review the sounds of German that you find difficult to understand or say.

The SAM Audio Program begins with short dialogues you can learn by ear. If necessary, you can refer to the **Einführung** chapter of your textbook, to sections **Tag 1** and **Tag 2**. Listen carefully to the voices you hear and repeat in the pauses, trying to imitate what you hear. Practice saying each of the dialogues and word groups several times, checking your pronunciation as you go.

Tag 1 (Textbook, pages 2–7)

Dialoge 1–16
Die Wochentage (*Days of the Week*)

Tag 2 (Textbook, pages 8–14)

Das Alphabet (*The alphabet*)
Dialoge 1–8
Die Monate (*The months*)
Die Zahlen (*The numbers*)
Dialoge 1–4

THE SOUNDS OF GERMAN

The following descriptions are meant as an introduction to the sounds of German you will practice with the SAM Audio Program. For some of the sounds you will hear a comparison between the pronunciation of a word in English and a word in German that sound similar but do not necessarily have the same meaning. You should practice by listening carefully to the recording while you follow the lists of words here in your Lab Manual. Then, in the pauses, try to imitate what you have heard.

Vowels

German vowels, unlike English vowels, are "pure," that is, they do not glide off into another sound at the end. The English *o* in *flow,* for instance, glides off to *u*. The *a* in *bait* glides off to *ee*.

You will hear an English word and then a German word. Pronounce the German word after the speaker in the pause provided.

English	German
flow	Floh
bait	Beet

German has both long and short vowels. Short vowels are tenser and of much shorter duration than long vowels.

German spelling is a much better indication of pronunciation than is English spelling. German vowels are long when they are:

1. followed by an unpronounced **h**: **Sohn, lehnen**

2. doubled: **Beet, Saat**

3. followed by a single consonant (in most cases): **Wesen, Blume**

German vowels are generally short if they are followed by double or multiple consonants: **bitte, offen, links.**

a   Long **a** sounds like English *a* in *Ma* and *Pa*. Short **a** sounds the same, but is tenser and shorter. Notice that the following pairs of words are identical except for the length of the vowels. Repeat the words after the speaker.

Long *a*	Short *a*
Wahn	wann
Bahn	Bann
Kahn	kann
Schafe	schaffe

e   Long **e** sounds like English *ay* in *hay*, but without gliding off to *ee*. Short **e** sounds like English *e* in *let*. Repeat after the speaker.

Long *e*	Short *e*
den	denn
wen	wenn
Beet	Bett
stehlen	stellen

i   Long **i** (usually spelled **ie**) sounds like English *ee* in *free*. Short **i** sounds like English *i* in *fit*, but is shorter and tenser. Repeat after the speaker.

Long *i*	Short *i*
bieten	bitten
Miete	Mitte
ihn	in
Bienen	binnen

o   Long **o** sounds like English *o* in *so*, but without gliding off to *u*. Short **o** sounds like English *au* in *caught*, but is tenser and shorter. Short **o** is a difficult sound for English speakers and will need extensive practice. Repeat after the speaker.

Long *o*	Short *o*
wohne	Wonne
Ofen	offen
Sohle	solle
Ton	Tonne
Sohn	Sonne

Now you will practice five sets of words to distinguish among long **a**, short **a**, and short **o**. Repeat after the speaker.

Long *a*	Short *a*	Short *o*
Bahn	Bann	Bonn
kam	Kamm	komm
fahl	Fall	voll
Haken	hacken	hocken
Gas	Gassen	gossen

u   Long **u** sounds like English *oo* in *soon,* but the lips are more rounded and there is no off-glide. Short **u** sounds like English *u* in *put.* Repeat after the speaker.

Long *u*	Short *u*
Mus	muss
Ruhm	Rum
Buhle	Bulle
Huhn	Hunne

Vowels with *Umlaut: ä, ö, ü*   German spelling adds a diacritical mark called an umlaut to three vowels: **ä, ö,** and **ü.** In the speech of most Germans, **ä** is the equivalent of **e,** both long and short, but **ö** and **ü** represent sounds different from **o** and **u.**

ö   The sound represented by **ö** has no English equivalent. To make long **ö,** round your lips to say German long **o,** freeze them in that position, and say German long **e** instead. Short **ö** is pronounced in the same way, except that it is shorter and tenser. Repeat after the speaker.

Long *o*	Long *ö*	Short *o*	Short *ö*
Ton	Töne	Gott	Götter
Sohn	Söhne	konnte	könnte
Lohn	Löhne	Topf	Töpfe
Floh	Flöhe	Bock	Böcke
Bogen	Bögen	Dorf	Dörfer

ü   The sound represented by **ü** (also spelled **y**) has no English equivalent. To make long **ü,** round your lips to say German long **u,** freeze them in that position, and say German long **i** instead. Short **ü** is pronounced in the same way, except that it is shorter and tenser. Repeat after the speaker.

Long *u*	Long *ü*	Short *u*	Short *ü*
gut	Güte	Mutter	Mütter
Mut	Mythos	Kunst	Künste
Fuß	Füße	Bund	Bünde
Zug	Züge	Kuss	Küsse
Schub	Schübe	Busch	Büsche

Unstressed -*e* and -*er*   It is important to distinguish between two unstressed vowel sounds occurring at the end of words and syllables.

Unstressed -**e** sounds like English *a* in *sofa* (the so-called "schwa"). Unstressed -**er** is a vowel sound that resembles the **u** in English *but.* The difference between **träge** and **Träger,** for instance, is that in the latter, the tongue is quickly retracted at the end of the word.

You will hear five pairs of words. The first word ends in unstressed **-e**. The second ends in unstressed **-er**. Repeat each pair after the speaker.

Unstressed *-e*	Unstressed *-er*
träge	Träger
Liebe	lieber
lese	Leser
bitte	bitter
Wunde	Wunder

Diphthongs

Diphthongs are combinations of two vowel sounds. There are three of them in German: The diphthong **au** sounds like English *ow* in *cow:* **Haus**. The diphthong **ei** (also spelled **ai**) sounds like English *ei* in *height:* **Leid**.

The diphthong **eu** (also spelled **äu**) sounds like English *oi* in *oily:* **Leute, läuten**.

Now you will practice words that have the diphthongs **au**, **ei**, and **eu**. Repeat each word after the speaker.

au	*ei (ai)*	*eu (äu)*
Laus	leise	Läuse
aus	Eis	äußern
Frau	frei	Freude
laut	leiten	läuten
baut	beide	Beute

The sound spelled **ie** is not a diphthong, but simply a long German **i**.

Consonants

ch After the "back" vowels **a, o, u,** and **au**, the sound represented by **ch** sounds like Scots *ch* in *Loch Ness.*

Bach	Loch	Tuch	auch

After other vowels and consonants, **ch** sounds like English *h* in *Hugh* or *huge,* if you draw out this sound before saying the *u.*

Now practice the combination **ch** after front vowels and consonants. Repeat each word after the speaker.

echt	Milch
Bäche	durch
ich	fürchten
Teich	manchmal
Löcher	

Contrast back **ch** and front **ch**. In the following pairs, the first word has the back **ch**; the second contains the front **ch**. Repeat each pair after the speaker.

Back *-ch*	Front *-ch*
Bach	Bäche
Loch	Löcher
Buch	Bücher
Brauch	Bräuche

-ig   When **-ig** ends a word, it is pronounced as if it were spelled **-ich**. When it is followed by an ending, it is pronounced **-ig**.

-ich	*-ig-*
König	Könige
Pfennig	Pfennige
fertig	fertige
artig	artige

chs   The combination **chs** is pronounced **ks**. The following words end in the combination **chs**. Repeat each word after the speaker.

sechs	Fuchs
Wachs	wuchs

l   German **l** is pronounced with the top of the tongue against the upper gum ridge and with the tongue flat from front to back, not dipped in the middle and raised at the back, like an American *l*. The American *l* in initial position is closer to the German **l** than is the American *l* when it comes in the middle or at the end of a word.

You will hear an English word with the letter *l*, and then a German word containing the letter **l**. Notice the difference. Repeat the German word after the speaker.

English	German
leaf	lief
light	Leid
late	lädt
built	Bild
plots	Platz
feel	fiel
hell	hell
pole	Pol

r   German never uses the American *r,* in which the tip of the tongue curves backward. Some Germans tongue-trill the **r**, but most use the uvular **r** (the back of the tongue is raised toward the uvula, the small flap of tissue hanging down at the back of your mouth) and it is the one you should learn. Uvular **r** is similar to the back **ch**, except that the **r** is voiced (the vocal cords vibrate). In order to locate this position in your mouth, practice pronouncing the following sequence of three words. Keep your vocal cords vibrating on the **r** in **waren: wach, wachen, waren.**

The following words contain the uvular **r**. Repeat each word after the speaker.

Beere	Frau	Rede
ihre	frei	rot
Ohren	Trauer	richtig
lehren	grün	Raum

When **r** is not followed by a vowel, it usually becomes a vowel sound like English *u* in *but*.

In the following pairs, the first word has a uvular **r**. The second has a vocalic **r**. Repeat each word after the speaker.

Uvular *r*	Vocalic *r*
Ehre	er
ihre	ihr
führe	für
studiere	studiert
bittere	bitter
höre	hört

b, d, g   The letters **b**, **d**, and **g** are pronounced as in English. The German **g** is usually "hard" as in English *go:* **gehen**. Repeat each word after the speaker.

Bube	Bude	Tage
leben	leiden	legen

When **b**, **d**, and **g** come at the end of a word or syllable, or before **s** or **t**, they become "unvoiced," that is, the vocal cords do not vibrate and **b** thus sounds like **p**, **d** sounds like **t**, and **g** like **k**.

In the following pairs, the first word has a voiced **b**, **d**, or **g**. In the second word, these letters are unvoiced. Repeat each pair after the speaker.

Voiced *(b, d, g)*	Unvoiced *(p, t, k)*
Diebe	Dieb
leben	lebt
schieben	schiebst
Lieder	Lied
Fäden	fad
Kriege	Krieg
legen	legt
liegen	liegst

j   The letter **j** is pronounced like English *y*. Repeat each word after the speaker.

ja	jagen	jung	je

qu   The letters **qu** stand for the consonant combination **kv**. Repeat each word after the speaker.

Qualität	quer	Quark	Quatsch

s   Before vowels, **s** is voiced like English *z* in *zeal*. In all other positions, **s** is unvoiced like English *s* in *seal*. Repeat each word after the speaker.

Voiced *s*	Unvoiced *s*
so	es
lesen	ist
Gänse	Thomas

ss, ß   The letters **ss** and **ß** (the latter called **ess-tsett** in German and "digraph s" in English) stand for unvoiced **s** (as in English *seal*). Note that **ß** is used when the unvoiced **s** follows long vowels and diphthongs. Now repeat the following words with double **-s** or digraph **s**.

lasse	saß	Schloss	groß
esse	ließ	Fluss	Fuß
wissen	weiß	muss	Grüß

v The letter **v** usually stands for the same sound as **f**. In words of foreign origin, however, it is pronounced like English *v* (i.e., voiced). Repeat after the speaker.

v = f	**Voiced *v***
Vetter	Vera
vier	Vase
voll	Universität

w The letter **w** stands for the sound spelled *v* in English. Repeat after the speaker the following words beginning with the letter **w**, pronounced in German as **weh**.

wir	Wetter
Wasser	Wagen

y The letter **y** occurs only in words of foreign origin and is most commonly pronounced like **ü**. Repeat after the speaker.

Physik	Gymnasium	Symphonie

z, tz Both **z** and **tz** are pronounced like *ts* in English *its*. This sound can come at the beginning of a word in German, not just in the middle and at the end as in English. Repeat after the speaker the following words with letter **z** or **tz**.

Zoo
zehn
sitzen
Zug
Satz

Consonant clusters: *gn, kn, pf, ps*

Be careful to pronounce both elements of the following consonant clusters, especially when they occur at the beginning of a word or syllable. Repeat after the speaker the following words with the consonant clusters **gn**, **kn**, **pf**, or **ps**.

gn	*kn*	*pf*	*ps*
Gnade	Knie	Apfel	Psalm
Vergnügen	Knabe	Pfanne	Psychologie
Gnom	Knall	Pferd	Psychiater

ng In German, the letters **ng** always stand for the sound in English *singer*, never for the sound in English *finger*. Repeat after the speaker the following words with the combination **ng**.

Sänger	Achtung
Finger	Hunger
Ring	

sch, st-, sp- The German sound spelled **sch** is like the English sound spelled *sh*, but with more pronounced lip-rounding. Repeat after the speaker the following words with the combination **sch**.

Schiff	Schule
Asche	schön
rasch	schwer

The combinations **st-** and **sp-** at the beginning of a word or syllable are pronounced **scht-** or **schp-**. Now repeat the following words with the combination **st** or **sp**.

spielen   spüren
Stein   versprechen
aufstehen

-tion This combination is always pronounced **-tsion,** with the primary word stress on the last syllable. Repeat after the speaker the following words eding in **-tion**.

Nation   Zivilisation   Tradition

Glottal stop

The glottal stop is used more frequently in German than in English. It is the brief closing of the vocal cords one hears between the words of the phrase *Utica Avenue*. It is the way we distinguish between *a nice man* and *an iceman*. In German, it occurs before all words and syllables beginning with a vowel.

Repeat after the speaker the following phrases. Each word is preceded by a glottal stop.

er ist es
eine alte Adresse
ich arbeite oft
in einer Oper

USEFUL CLASSROOM EXPRESSIONS (Textbook, page 14)

You will now hear some expressions that will be useful in class. Repeat each one after the speaker. Try to imitate the rhythm and intonation as well as the pronunciation.

Wie sagt man „the book" auf Deutsch?	*How do you say "the book" in German?*
Man sagt „das Buch".	*You say "das Buch."*
Übersetzen Sie bitte.	*Please translate.*
Wiederholen Sie bitte.	*Please repeat.*
Üben wir!	*Let's practice!*
Machen Sie Nummer drei, bitte.	*Please do number three.*
Alle zusammen, bitte.	*All together, please.*
Sie sprechen zu leise.	*You're speaking too softly.*
Sprechen Sie bitte lauter.	*Please speak more loudly.*
Sie sprechen zu schnell.	*You're speaking too fast.*
Sprechen Sie bitte langsamer.	*Please speak more slowly.*
Wie bitte?	*I beg your pardon? What did you say?*
Antworten Sie bitte auf Deutsch!	*Please answer in German.*
Das ist richtig.	*That's correct.*
Das ist falsch.	*That's incorrect.*
Verstehen Sie das?	*Do you understand that?*

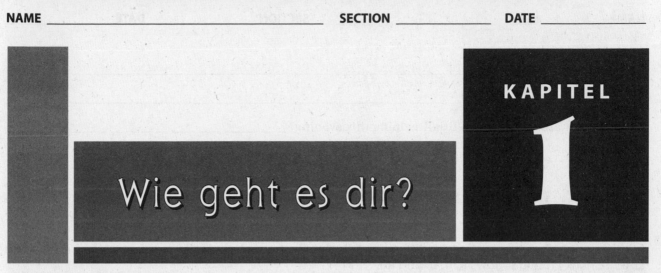

KAPITEL 1

Wie geht es dir?

DIALOGE (p. 18)

Practice speaking what you hear. Listen to each dialogue twice. First, listen to the dialogue at normal speed. Then, replay the track pausing the recording after each phrase and repeat after the speaker. Each dialogue is followed by an exercise to check your comprehension.

Fragen zu den Dialogen (*Questions on the dialogues*)

Decide whether each of the following statements is true or false (**richtig oder falsch**) and mark **R** (**richtig**) or **F** (**falsch**).

Dialog 1: In Eile

RICHTIG ODER FALSCH?

1. R F   **3.** R F

2. R F   **4.** R F

Dialog 2: Die Mensa

RICHTIG ODER FALSCH?

1. R F   **4.** R F

2. R F   **5.** R F

3. R F

Dialog 3: Typisch für September

RICHTIG ODER FALSCH?

1. R F   **4.** R F

2. R F   **5.** R F

3. R F

Hören Sie gut zu! (*Listen carefully!*)

Listen to the following dialogue as many times as necessary. Then check your understanding by answering the questions below. Respond in English (starting in **Kapitel 3** you'll be using German). This dialogue is *not* printed in your textbook.

VERSTEHEN SIE?

1. At what time of day does this dialogue occur? _____

2. Who is in a hurry? _____

3. Why is she in a hurry? _____

4. What are Michael and Brigitte doing this evening? _____

_____

ÜBUNG ZUR AUSSPRACHE (*Pronunciation practice*)

Front and back *ch*

In this section you will practice the difference between the front **ch** that follows **e, i, ie, ei, ö, ü, eu,** and **äu** and the back **ch** that follows **a, o, u,** and **au.**

In the following pairs, the first word contains the back **ch** sound, as in **ach**; and the second contains the front **ch** sound, as in **ich.** When a noun with **ch** takes an umlaut in the plural, the sound of **ch** automatically shifts from back to front.

A. Read along as you practice the exercises aloud. Repeat each word pair after the speaker.

Back *ch* (*singular*)	Front *ch* (*plural*)
Buch (*book*)	Bücher
Bach (*brook*)	Bäche
Loch (*hole*)	Löcher
Brauch (*custom*)	Bräuche
Tuch (*cloth*)	Tücher
Dach (*roof*)	Dächer
Koch (*cook*)	Köche
Schlauch (*hose*)	Schläuche

B. In the following sentences, pay attention to the difference between front and back **ch.** Remember that final **-ig** is pronounced as though it were spelled **-ich.** Listen first to the speaker, then repeat the sentence in the pause provided.

1. Was machst du heute Abend?

2. Ich gehe zu Friedrich. Du auch?

3. Natürlich!

4. Fliegst du am Mittwoch nach Zürich?

5. Vielleicht.

6. Ich nicht. Das Wetter ist zu schlecht.

ÜBEN WIR! (*Let's practice!*) (pp. 24–32)

The exercises in this section of the SAM Audio Program are designed to give you additional practice with the grammatical structures and the vocabulary you are learning. The numbering of the exercises corresponds to the numbering in the textbook. Read the directions for each exercise, then follow the model (**Beispiel**) and respond in the pauses.

Variation zu Übung 1: Wer kommt morgen? Use the pronoun you hear to say who is coming tomorrow. Transform the verb to agree with the subject.

BEISPIEL: ich
Ich komme morgen.

Übung 3: Wer arbeitet heute? Use the pronoun you hear to say who is working today. Transfer the verb to agree with the subject.

> **BEISPIEL:** wir
> **Wir arbeiten** heute.

Variation zu Gruppenarbeit 4: Wer macht viel? Use the pronoun you hear to say who is doing a lot.

> **BEISPIEL:** ich
> **Ich mache** viel.

Variationen zu Übung 5.

A. **Wer ist in Eile?** Use the pronoun you hear to say who is in a hurry.

> **BEISPIEL:** *Er* ist in Eile. (ich)
> **Ich bin** in Eile.

B. **Wer ist am Mittwoch wieder zurück?** Use the pronoun you hear to say who will be back on Wednesday.

> **BEISPIEL:** Am Mittwoch ist *Tanja* wieder zurück. (ich)
> Am Mittwoch **bin ich** wieder zurück.

Übung 7. Answer the questions affirmatively. Use a appropriate pronoun.

> **BEISPIEL:** Ist Rolf heute in Eile?
> Ja, **er** ist heute in Eile.

Variation zu Übung 7. Answer the questions affirmatively. Use the appropriate pronoun and verb form.

> **BEISPIELE:** Ist das die Tafel?
> Ja, das ist **sie.**
>
> Sind das die Türen?
> Ja, das **sind sie.**

Übung 9. Give the singular and plural forms of the nouns you will hear with their articles.

> **BEISPIEL:** das Kind
> **das Kind, die Kinder**

Übung 10. Make the subjects plural. Change the verb accordingly.

> **BEISPIEL:** *Der Herr* kommt um elf.
> **Die Herren kommen** um elf.

Variation zu Gruppenspiel 12. Replace the definite article with the appropriate indefinite article.

> **BEISPIELE:** Wo ist *der* Stuhl?
> Wo ist **ein** Stuhl?
>
> Ist *die* Frau hier?
> Ist **eine** Frau hier?

Übung 15. Change these statements to yes/no questions.

> **BEISPIEL:** Stefan arbeitet in Stuttgart.
> **Arbeitet Stefan** in Stuttgart?

ÜBUNG ZUR BETONUNG *(Practice with stress)*

Listen to each word or phrase as it is spoken. Repeat it in the pause provided, and then underline the stressed syllable or syllables in the list below.

na tür lich	die Sup pe	zu rück	der Stu dent
ty pisch	al so	Ent schul di gung	der Tou rist
Sep tem ber	a ber	im Mo ment	der A me ri ka ner
ar bei ten	viel leicht	for mell	wahr schein lich
ü bri gens	wa rum	die Uni ver si tät	zum Bei spiel

DIKTAT *(Dictation)*

Listen to each sentence several times. After listening once, try to write all that you have heard in the space below. Listen again until you feel confident that you are writing what you hear. (This dictation contains material from all of **Kapitel 1**. You should study the **Grammatik** and the **Lesestück** sections before doing it.)

1. _____

_____

2. _____

_____

3. _____

_____

4. _____

_____

5. _____

_____

6. _____

_____

7. _____

_____

8. _____

_____

9. _____

_____

10. _____

_____

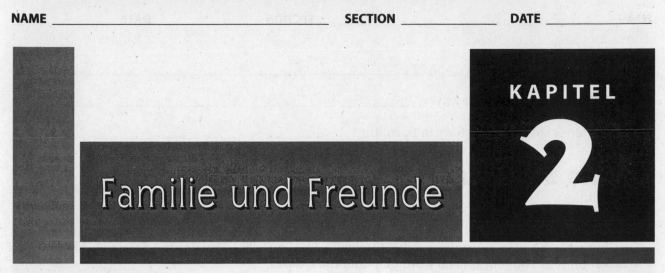

KAPITEL 2

Familie und Freunde

DIALOGE (p. 43)

Practice speaking what you hear. Listen to each dialogue twice. First, listen to the dialogue at normal speed. Then, replay the track pausing the recording after each phrase and repeat after the speaker. Each dialogue is followed by an exercise to check your comprehension.

Fragen zu den Dialogen

You will hear a series of statements. Decide whether each statement statement is true or false (**richtig oder falsch**) and mark **R** (**richtig**) or **F** (**falsch**).

Dialog 1: Wer liest die Zeitung?

RICHTIG ODER FALSCH?

1. R F   3. R F

2. R F   4. R F

Dialog 2: Ich hab' eine Frage

RICHTIG ODER FALSCH?

1. R F   3. R F

2. R F   4. R F

Dialog 3: Georg sucht ein Zimmer

RICHTIG ODER FALSCH?

1. R F   4. R F

2. R F   5. R F

3. R F

Hören Sie gut zu!

Listen to the following dialogue as many times as necessary. Then check your understanding by answering the questions below. Respond in English (starting in **Kapitel 3** you'll be using German). This dialogue is *not* printed in your textbook.

VERSTEHEN SIE?

1. Are Georg and Ute close friends? How do you know? _____

_____

2. How is Ute feeling? _____

3. Why is she feeling that way? _____

4. When is she going to study in Hamburg? _____

ÜBUNG ZUR AUSSPRACHE

Letters *z* and *s*

A. In the following pairs, the first word begins with the letter **z** (pronounced like **ts**), the second word begins with the letter **s** (pronounced as a voiced s, like English **z**). Practice the difference between the two sounds as you repeat each word pair after the speaker.

Zone	Sohn	zagen	sagen
Zeit	seit	Ziege	Siege
zog	Sog	Zoo	so

B. Now listen to the following sentences and repeat them in the pauses provided.

1. Ist meine Zeitung hier im Zimmer? Ich suche sie.

2. Du sagst, du siehst die Zeitung nicht? Ich lese sie.

3. Das ist ziemlich typisch.

4. Sie gibt die Zeitung zurück.

ÜBEN WIR! (pp. 48–54)

The exercises in this section of the SAM Audio Program are designed to give you additional practice with the grammatical structures and the vocabulary you are learning. The numbering of the exercises corresponds to the numbering in the textbook. Read the directions for each exercise, then follow the model (**Beispiel**) and respond in the pauses.

Variation zu Übung 1: Was brauchst du? Say that you need the following items.

> BEISPIEL: Wer braucht einen Bleistift?
> **Ich brauche** einen Bleistift.

Variation zu Partnerarbeit 2. Respond to the question, using the accusative case for the direct object. Pay attention to the gender of the noun.

> BEISPIEL: Wo ist **ein** Stuhl?
> Ich suche **einen** Stuhl.

Variation zu Kettenreaktion 5. Say that you have the items. Be sure to use the accusative case for the direct object.

> BEISPIEL: Wo ist **der** Artikel?
> Ich habe **den** Artikel.

Variation zu Übung 6: Was hat Steffi? Say that Steffi has the following things. Use the appropriate pronoun.

> BEISPIEL: Wer hat die Zeitung?
> Steffi hat **sie**.

Variation zu Partnerarbeit 7: Wen kennst du? Say that you also know the following people. Substitute an accusative pronoun for the direct-object noun.

> **BEISPIEL:** Du kennst *Katrin*.
> Ich kenne **sie** auch.

Variation zu Gruppenarbeit 9: Wer macht was? Tell who is doing what, using **sehen**, **sprechen**, **nehmen**, **lesen**, or **essen**.

> **BEISPIEL:** *Ich* sehe das Haus. (Katrin)
> **Katrin sieht** das Haus.

Variationen zu Übung 12.

A. Was suchst du? Your friend is looking for various things and people, and you say that they're not here. Use a pronoun.

> **BEISPIEL:** Ich suche *meine Zeitung*.
> **Sie** ist nicht hier.

B. Wen kennst du? Replace the direct object with the new one you will hear.

> **BEISPIEL:** Ich kenne nur *deine Schwester*. (ihren Bruder)
> Ich kenne nur **ihren Bruder**.

C. Kennst du ihn? Answer the questions affirmatively and use the appropriate possessive adjective.

> **BEISPIEL:** Kennst du meinen Bruder?
> Ja, ich kenne **deinen** Bruder.

ÜBUNG ZUR BETONUNG

Listen to each word or phrase as it is spoken. Repeat it in the pause provided, and then underline the stressed syllable or syllables in the list below.

Nord a me ri ka	so zi al
der Ar ti kel	tra di ti o nell
die Leu te	der Fern seh er
die Zei tung	das Bü ro
al le	so gar
vie len Dank	be rufs tä tig
zu Hau se	
die Al ter na ti ve	
die Dis kus si on	
we nig stens	
ü ber all	
die Fa mi li e	
der Kon flikt	
nor mal	
das Pro blem	
re la tiv	

DIKTAT

Listen to each sentence several times. After listening once, try to write all that you have heard in the space below. Listen again until you feel confident that you are writing what you hear. (This dictation contains material from all of **Kapitel 2**. You should study the **Grammatik** and the **Lesestück** sections before doing it.)

1. _____

   _____

2. _____

   _____

3. _____

   _____

4. _____

   _____

5. _____

   _____

6. _____

   _____

7. _____

   _____

8. _____

   _____

9. _____

   _____

10. _____

   _____

KAPITEL 3

Jugend und Schule

DIALOGE (p. 65)

Practice speaking what you hear. Listen to each dialogue twice. First, listen to the dialogue at normal speed. Then, replay the track pausing the recording after each phrase and repeat each phrase after the speaker. Each dialogue is followed by an exercise to check your comprehension.

Fragen zu den Dialogen

Following the first and second dialogues you will hear a series of statements. Decide whether each statement is true or false and mark **R** (**richtig**) or **F** (**falsch**). For the third dialogue, choose the best answer to the questions you will hear.

Dialog 1: Du hast es gut!

RICHTIG ODER FALSCH?

1. R F   **3.** R F

2. R F   **4.** R F

Dialog 2: Eine Pause

RICHTIG ODER FALSCH?

1. R F   **3.** R F

2. R F   **4.** R F

Dialog 3: Heute gibt's keine Chemiestunde

VERSTEHEN SIE?

1. a. Sie ist die Chemielehrerin.
   b. Die Lehrerin ist krank.
   c. Sie ist nicht da.

2. a. Sie müssen heute eine Klassenarbeit in Chemie schreiben.
   b. Sie müssen nach Hause gehen.
   c. Sie müssen keine Klassenarbeit schreiben.

3. a. Sie wissen nicht.
   b. Sie wollen einen Kaffee trinken.
   c. Sie wollen eine Klassenarbeit schreiben.

Hören Sie gut zu!

Listen to the dialogue as many times as necessary. Then check your understanding by answering in German the questions you will hear. You need not use complete sentences. This dialogue is *not* printed in your textbook.

VERSTEHEN SIE?

1. _____

2. _____

3. _____

4. _____

5. _____

ÜBUNG ZUR AUSSPRACHE

Long and short o and ö

In this section you will practice the difference between long **o** and long **ö**, short **o** and short **ö**. (In some proper names, **ö** is spelled **oe**.)

A. You will hear five pairs of words. The first word has the German long **o** sound; the second word has the long **ö** sound. Repeat each pair after the speaker.

Long *o*	Long *ö* (*oe*)
Gote	Goethe
Ton	Töne
Sohn	Söhne
schon	schön
Ostern	Österreich

B. You will hear another set of five word pairs. The first word contains the German short **o** sound; the second word contains the short **ö** sound.

Short *o*	Short *ö*
Gott	Götter
konnte	könnte
Bock	Böcke
Kopf	Köpfe
Stock	Stöcke

C. Now listen to the following sentences and repeat them in the pauses provided, paying particular attention to the **ö** sound.

1. Hatte Goethe viele Söhne?

2. Das möchte ich auch wissen. Ich weiß nur, er hatte keine Töchter.

3. Können wir im Oktober Köln besuchen?

4. Hoffentlich. Im Oktober ist es in Köln sehr schön.

ÜBEN WIR! (pp. 72–80)

The exercises in this section of the SAM Audio Program are designed to give you additional practice with the grammatical structures and the vocabulary you are learning. The numbering of the exercises corresponds to the numbering in the textbook. Read the directions for each exercise, then follow the model (**Beispiel**) and respond in the pauses.

Variationen zu Übung 1.

A. Replace the dependent infinitive with the one you will hear.

> **BEISPIEL:** Ich möchte ein bisschen laufen. (arbeiten)
> Ich möchte ein bisschen **arbeiten**.

B. Replace the modal verb in second position with the one you will hear.

> **BEISPIEL:** Heute muss ich arbeiten. (will)
> Heute **will** ich arbeiten.

C. Replace the infinitive in the question with the one you will hear.

> **BEISPIEL:** Sollen wir jetzt lesen? (kochen)
> Sollen wir jetzt **kochen**?

D. Replace the verb phrase with the one you will hear.

> **BEISPIEL:** Wir können hier bleiben. (Klaus fragen)
> Wir können **Klaus fragen**.

E. Replace the infinitive in the question with the one you will hear.

> **BEISPIEL:** Ich mache meine Arbeit. (wollen)
> Ich **will** meine Arbeit **machen**.

Variation zu Übung 4. Restate the question, using the modal verb without the infinitive.

> **BEISPIEL:** Wann kommen Sie nach Berlin? (können)
> Wann **können** Sie nach Berlin?

Variation zu Kettenreaktion 7. Use the new subject you hear and change the verb accordingly.

> **BEISPIEL:** *Ich* fahre heute nach Frankfurt. (Birgit)
> **Birgit fährt** heute nach Frankfurt.

Übung 10. Add **nicht** to negate these sentences.

> **BEISPIEL:** Kurt besucht seinen Bruder.
> Kurt besucht seinen Bruder **nicht**.

Übung 11. Negate the sentences by adding **nicht**.

> **BEISPIEL:** Das Wetter ist schön.
> Das Wetter ist **nicht** schön.

Variationen zu Übung 13.

A. Replace the direct object with the one you hear.

> **BEISPIEL:** Ich habe leider im Moment *kein Geld*. (keine Zeit)
> Ich habe leider im Moment **keine Zeit**.

B. Negate these sentences with the correct form of **kein.**

> **BEISPIEL:** Meine Familie besitzt ein Haus.
> Meine Familie besitzt **kein** Haus.

Variation zu Übung 19. Contradict the following negative statements and questions, beginning your answer with a stressed **doch.**

> **BEISPIEL:** Besuchst du mich nicht?
> **Doch,** ich besuche dich.

ÜBUNG ZUR BETONUNG

Listen to each word or phrase as it is spoken. Repeat it in the pause provided, and then underline the stressed syllable or syllables in the list below.

in ter na ti o nal

op ti mis tisch

ehr lich

lang wei lig

re la tiv

in te res sant

lang sam

die Freun din

die Deutsch stun de

ein biss chen

Eu ro pa

die Eu ro pä er in

ge nug

Pull o ver

ent schei den

da rum

dort drü ben

die Mu sik

das Sy stem

das Schul sy stem

die Haus auf ga be

die Fremd spra che

a me ri ka nisch

die A me ri ka ner

ei gent lich

das The a ter

DIKTAT

Listen to each sentence several times. After listening once, try to write all that you have heard in the space below. Listen again until you feel confident that you are writing what you hear. (This dictation contains material from all of **Kapitel 3**. You should study the **Grammatik** and the **Lesestück** sections before doing it.)

1. _____

   _____

2. _____

   _____

3. _____

   _____

4. _____

   _____

5. _____

   _____

6. _____

   _____

7. _____

   _____

8. _____

   _____

9. _____

   _____

10. _____

   _____

KAPITEL 4

Land und Leute

DIALOGE (p. 92)

Practice speaking what you hear. Listen to each dialogue twice. First, listen to the dialogue at normal speed. Then, replay the track pausing the recording after each phrase and repeat each phrase after the speaker. Each dialogue is followed by an exercise to check your comprehension.

Fragen zu den Dialogen

Following the first and third dialogues you will hear a series of statements. Decide whether each statement is true or false and mark **R** (**richtig**) or **F** (**falsch**) below. For the second dialogue, choose the best answer to the questions you will hear. Mark your answers below.

Dialog 1: Am See

RICHTIG ODER FALSCH?

1. R   F
2. R   F
3. R   F

Dialog 2: Winterurlaub

VERSTEHEN SIE?

1. a. Am See.
   b. In München.
   c. Im Kitzbühel.

2. a. Im Januar.
   b. Im Sommer.
   c. Morgen.

3. a. Nein, nicht im Januar.
   b. Das wissen sie noch nicht.
   c. Ja, nur im Januar.

4. a. ... eine Stadt in Deutschland.
   b. ... ein Berg.
   c. ... eine Stadt in Österreich.

Dialog 3: Morgens um halb zehn

RICHTIG ODER FALSCH?

1. R F
2. R F
3. R F
4. R F

Hören Sie gut zu!

Listen to the following dialogue as many times as necessary. Then check your understanding by answering in German the questions you will hear. This dialogue is *not* printed in your textbook.

VERSTEHEN SIE?

1. _____

2. _____

3. _____

4. _____

5. _____

ÜBUNG ZUR AUSSPRACHE

Uvular *r* vs. vocalic *r*

A. You will hear five groups of words. Notice the difference between the German uvular **r** before a vowel (first word in each group) and the vocalic **r** at the end of a word or syllable (second word), or before a consonant (third word). Repeat each group of three words after the speaker.

rieb	Bier	führt
Rat	Haar	Fahrt
rot	Tor	bohrt
Ruhm	fuhr	Furcht
Reh	er	ehrt

B. Now, repeat the sentence after the speaker. Pay particular attention to the pronunciation of the letter **r**.

1. Wir brauchen einen riesengroßen Regenschirm.
2. Du hast Recht. Groß genug für drei.
3. Ist der Pullover für mich?
4. Natürlich ist er für dich!
5. Wir brauchen eine Straßenkarte von Österreich.
6. Wir fahren im Winter nach Innsbruck.

ÜBEN WIR! (pp. 97–108)

The exercises in this section of the SAM Audio Program are designed to give you additional practice with the grammatical structures and the vocabulary you are learning. The numbering of the exercises corresponds to the numbering in the textbook. Read the directions for each exercise, then follow the model (**Beispiel**) and respond in the pauses.

Variation zu Übung 2. Respond positively to these questions, using the appropriate accusative pronoun.

> BEISPIEL: Fahren wir ohne *Hans*?
> Ja, wir fahren ohne **ihn.**

Variation zu Gruppenarbeit 8. Use the **wir**-imperative to suggest that you and a friend both do these things.

> BEISPIEL: Ich möchte eine Reise machen.
> Ich auch! **Machen wir** eine Reise!

Übung 9: Machen Sie das doch! Encourage others to go ahead with their plans. Use the **Sie**-imperative and the flavoring particle **doch.**

> BEISPIEL: Ich möchte eine Reise machen.
> **Machen Sie doch** eine Reise!

Variation zu Übung 10. Now tell other people *not* to do certain things.

> BEISPIELE: Soll ich eine Reise machen?
> Nein, machen Sie **keine** Reise!
>
> Soll ich zu Hause bleiben?
> Nein, bleiben Sie **nicht** zu Hause!

Variation zu Übung 12. Suggest to your friend that she do the following things. Use the flavoring particle **doch.**

> BEISPIEL: Soll ich bleiben?
> Ja, bleib **doch!**

Variation zu Partnerarbeit 13. Now tell Beate what *not* to do.

> BEISPIEL: Soll ich bleiben?
> Nein, bleib **nicht.**

Variationen zu Übung 17.

A. One child or a group of children asks what they all should do.

> BEISPIEL: Sollen wir bald nach Hause kommen?
> Ja, **kommt** doch bald nach Hause!

B. Now tell them what *not* to do.

> BEISPIEL: Sollen wir zu Hause bleiben?
> Nein, bleibt **nicht** zu Hause!

Variation zu Übung 19. Tell the following people not to be so pessimistic.

    BEISPIEL: Heinrich
                  Sei doch nicht so pessimistisch!

Variation zu Partnerarbeit 23. An acquaintance suggests some activities. Agree and say you like to do them.

    BEISPIEL: Wollen wir Karten spielen?
                  O ja, ich spiele **gern** Karten.

Variation zu Übung 25. Say who likes vegetables.

    BEISPIEL: Wer mag Gemüse? (die Schüler)
                  Die Schüler mögen Gemüse.

Variation zu Übung 29. Begin these sentences with the adverb you hear, placing the verb in second position.

    BEISPIEL: Er ist noch nicht da. (sicher)
                  Sicher ist er noch nicht da.

ÜBUNG ZUR BETONUNG

Listen to each word or phrase as it is spoken. Repeat it in the pause provided, and then underline the stressed syllable or syllables in the list below.

    die Ge o gra phie
    die Ko lo nie
    die Kul tur
    der Ur laub
    hof fent lich
    zu sam men
    noch ein mal
    die Haupt rol le
    das Volks lied
    der Kon trast
    das Kli ma
    Ös ter reich
    das Se mi nar
    noch nicht
    im mer noch
    Gott sei Dank!
    selbst ver ständ lich
    mo dern
    nach her
    die Re gi on
    I ta li en

DIKTAT

Listen to each sentence several times. After listening once, try to write all that you have heard in the space below. Listen again until you feel confident that you are writing what you hear. (This dictation contains material from all of **Kapitel 4**. You should study the **Grammatik** and the **Lesestück** sections before doing it.)

1. _____

_____

2. _____

_____

3. _____

_____

4. _____

_____

5. _____

_____

6. _____

_____

7. _____

_____

8. _____

_____

9. _____

_____

10. _____

_____

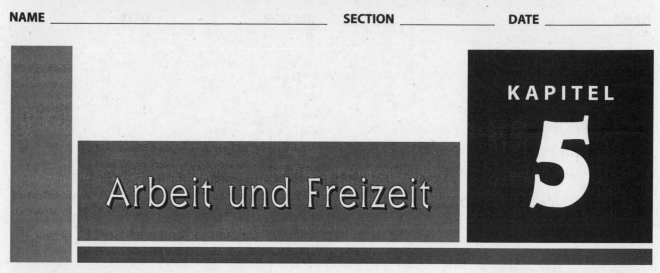

Arbeit und Freizeit

DIALOGE (p. 119)

Practice speaking what you hear. Listen to each dialogue twice. First, listen to the dialogue at normal speed. Then, replay the track pausing the recording after each phrase and repeat each phrase after the speaker. Each dialogue is followed by an exercise to check your comprehension.

Fragen zu den Dialogen

Following the first two dialogues you will hear a series of questions. Choose the best answer. After the third dialogue you will hear a series of statements. Decide whether each statement is true or false (**richtig oder falsch**). Mark your answers below.

Dialog 1: Der neue Bäckerlehrling

VERSTEHEN SIE?

1. a. Er heißt Markus.
   b. Er heißt Georg.
   c. Er heißt Martin.

2. a. Nein, morgen.
   b. Ja, gleich.
   c. Ja, um zwölf.

3. a. Seit einem Jahr.
   b. Seit Freitag.
   c. Seit vier Jahren.

4. a. Sie arbeiten jetzt.
   b. Sie gehen einkaufen.
   c. Georg zeigt Martin den Laden.

Dialog 2: Beim Bäcker

VERSTEHEN SIE?

1. a. Ein Bauernbrot und drei Brötchen.
   b. Zwei Bauernbrote und vier Brötchen.
   c. Ein Bauernbrot und sechs Brötchen.

2. a. Ja, von heute Morgen.
   b. Ja, von Montag.
   c. Ja, von gestern.

3. a. Sechs Stück.

   b. Sechzehn.

   c. Acht Stück.

4. a. Drei Euro siebzig.

   b. Fünf Euro fünfunddreißig.

   c. Drei Euro fünfundsiebzig.

Dialog 3: Schule oder Beruf?

RICHTIG ODER FALSCH?

1. R F

2. R F

3. R F

4. R F

5. R F

Hören Sie gut zu!

Listen to the dialogue as many times as necessary. Then check your understanding by answering the questions you will hear. This dialogue is *not* printed in your textbook.

VERSTEHEN SIE?

1. _____

2. _____

3. _____

4. _____

ÜBUNG ZUR AUSSPRACHE

German *l*

In the following exercises, you will practice the sound of the German l. Pronounce the German l like the *l* in the English word *leaf*.

A. Repeat each word after the speaker.

laut	bald
Lied	Zoll
Lob	Zahl
hilft	wohl
half	Wolle

B. Now, repeat the sentences, focusing on the German letter l.

1. Lina, warum willst du nicht in der Schule bleiben?

2. Ich finde die Schule langweilig. Ich will in einem Laden arbeiten.

3. Verlass die Schule nicht, Lina! Du hast noch viel zu lernen!

ÜBEN WIR! (pp. 124–131)

The exercises in this section of the SAM Audio Program are designed to give you additional practice with the grammatical structures and the vocabulary you are learning. The numbering of the exercises corresponds to the numbering in the textbook. Read the directions for each exercise, then follow the model (**Beispiel**) and respond in the pauses.

Variationen zu Übung 2.

A. Beate has some extra tickets. Tell her who to give them to.

> BEISPIEL: Wem soll ich die Karten geben? (Lehrer)
> Gib sie **dem Lehrer**.

B. Tell Beate who you are buying a motorcycle for.

> BEISPIEL: Wem kaufst du das Motorrad? (Freund)
> Ich kaufe **es meinem Freund**.

Variation zu Übung 5.
Say that you can do the following things for the people named. Refer to each person with an appropriate dative pronoun.

> BEISPIEL: Kannst du *Christine* das Buch geben?
> Ja, ich kann **ihr** das Buch geben.

Variationen zu Übung 7.

A. Answer the questions affirmatively. Refer to the direct object with a pronoun.

> BEISPIEL: Wem schenkst du *das Motorrad*? Deiner Schwester?
> Ja, ich schenke **es** meiner Schwester.

B. Your roommate is asking when you are going to do certain things. Say that you'll do them tomorrow. Use two pronouns in your answer.

> BEISPIEL: Wann gibst du *Hermann das Buch*?
> Ich gebe **es ihm** morgen.

Variationen zu Übung 9.

A. Replace the prepositional phrase with the one you will hear.

> BEISPIEL: Ich arbeite heute bei *euch*. (bei Ihnen)
> Ich arbeite heute **bei Ihnen**.

B. Replace the dative prepositional objects with the new ones you will hear. Use the appropriate form of the dative article.

> BEISPIEL: Wir sehen euch nach der *Deutschstunde*. (Essen)
> Wir sehen euch nach **dem Essen**.

C. Replace the dative object of the preposition, using the appropriate form of the article.

D. Replace the dative object of the preposition **zu**, using the appropriate form of the article.

Variationen zu Übung 13.

A. Substitute the new element that you will hear for the appropriate word in the model sentence.

> BEISPIEL: Ich fange *heute* bei euch an. (morgen)
> Ich fange **morgen** bei euch an.

B. Replace the subject with the new one you will hear.

    BEISPIEL: *Er* steht bald auf. (ich)
                  Ich stehe bald auf.

C. Replace the verb with the new one you will hear.

    BEISPIEL: Ich fange heute Abend an. (aufhören)
                  Ich **höre** heute Abend **auf.**

Variationen zu Übung 14.

A. Respond to the questions, saying that these things will happen.

    BEISPIEL: Muss Anton um sieben Uhr aufstehen?
                  Ja, er **steht** um sieben Uhr **auf.**

B. You will hear a command or suggestion. Say that you cannot do what you are told to do.

    BEISPIEL: Fang bitte am Mittwoch an!
                  Ich **kann** am Mittwoch **nicht anfangen.**

Variationen zu Partnerarbeit 15.

A. Make a polite suggestion, using the **Sie**-form of the imperative.

    BEISPIEL: Was sollen wir machen? (aufstehen)
                  Stehen Sie doch bitte **auf.**

B. Tell a friend what to do, using the **du**-form of the imperative.

C. Speak to your cousins and tell them what to do, using the **ihr**-form of the imperative.

ÜBUNG ZUR BETONUNG

Listen to each word or phrase as it is spoken. Repeat it in the pause provided, and then underline the stressed syllable or syllables in the list below.

ak tu ell	der Jour na list
die Fir ma	der Au to me cha ni ker
der Kor res pon dent	ein paar
re a lis tisch	per fekt
heu te Mor gen	das Mit tag es sen
an fan gen	die U ni ver si tät
auf hö ren	ein ver stan den
die Le bens mit tel	Sonst noch et was?
die Bä cke rei	der Stadt plan
das A bi tur	
ein kau fen	
spa zie ren ge hen	
vor bei kom men	
ab hol en	
ver las sen	
fern seh en	

DIKTAT

Listen to each sentence several times. After listening once, try to write all that you have heard in the space below. Listen again until you feel confident that you are writing what you hear. (The dictation contains material from all of **Kapitel 5**. You should study the **Grammatik** and the **Lesestück** sections before doing it.)

1. _____

   _____

2. _____

   _____

3. _____

   _____

4. _____

   _____

5. _____

   _____

6. _____

   _____

7. _____

   _____

8. _____

   _____

9. _____

   _____

10. _____

   _____

An der Universität

DIALOGE (p. 146)

Practice speaking what you hear. Listen to each dialogue twice. First, listen to the dialogue at normal speed. Then, replay the track pausing the recording after each phrase and repeat each phrase after the speaker. Each dialogue is followed by an exercise to check your comprehension.

Fragen zu den Dialogen

Following the first and third dialogues you will hear a series of statements. Decide whether each statement is true or false (**richtig oder falsch**). For the second dialogue, choose the best answer to the questions you will hear. Mark the answers below.

Dialog 1: Karin sucht ein Zimmer

RICHTIG ODER FALSCH?

1. R F   **2.** R F   **3.** R F   **4.** R F

Dialog 2: Am Semesteranfang

VERSTEHEN SIE?

1. a. In der Bibliothek und später in der Buchhandlung.
   b. Im Studentenwohnheim.
   c. Zu Hause.

2. a. Ein Buch.
   b. Eine Vorlesung
   c. Ein Vorlesungsverzeichnis.

3. a. Unter dem Schreibtisch.
   b. Unter der Zeitung.
   c. Auf der Zeitung

4. a. Vier Euro.
   b. Zwei Euro.
   c. Drei Euro.

Dialog 3: An der Uni in Tübingen

RICHTIG ODER FALSCH?

1. R F   **2.** R F   **3.** R F   **4.** R F

Hören Sie gut zu!

Listen to the following dialogue as many times as necessary. Then check your understanding by answering in German the questions you will hear. This dialogue is *not* printed in your textbook.

VERSTEHEN SIE?

1. _____

2. _____

3. _____

4. _____

ÜBUNG ZUR AUSSPRACHE

Letters *b, d, g*

A. You will hear five pairs of words. In the first word **b** is pronounced as voiced **b**; in the second word it is pronounced as unvoiced **p**. Repeat each pair after the speaker.

b > p

Liebe	lieb
haben	habt
sieben	siebzehn
gelbes	gelb
schieben	schiebt

B. You will hear five pairs of words. In the first word **d** is pronounced as voiced **d**; in the second word it is pronounced as unvoiced **t**. Repeat each pair after the speakers.

d > t

Länder	Land
leider	Leid
Lieder	Lied
Kleider	Kleid
werden	wird

C. You will hear five pairs of words. In the first word **g** is pronounced as voiced **g**; in the second word it is pronounced as unvoiced **k**. Repeat each pair after the speaker.

g > k

fliegen	fliegt
Tage	Tag
steigen	steigt
sagen	sag
fragen	fragt

D. Now, repeat the sentences, focusing on the sound of **b**, **d**, and **g**.

1. Wann seid ihr endlich gefahren?
2. Im Herbst, und ihr?

3. Wir sind im Winter gefahren, wir und unsere Freunde.

4. Was hat dein Freund gesagt?

5. Er fragt, ob ihr das Kind gesehen habt.

6. Sag ihm, wir haben es leider nicht gesehen.

ÜBEN WIR! (pp. 151–163)

The exercises in this section of the SAM Audio Program are designed to give you additional practice with the grammatical structures and the vocabulary you are learning. The numbering of the exercises corresponds to the numbering in the textbook. Read the directions for each exercise, then follow the model (**Beispiel**) and respond in the pauses.

Variation zu Übung 1. Substitute the new subject you will hear.

BEISPIEL: *Wir* waren gestern bei Freunden. (ich)
Ich war gestern bei Freunden.

Variationen zu Übung 2.

A. Change the meaning of the sentence. Replace the past participle with the new one you will hear.

BEISPIEL: Das hat sie gestern gesagt. (gehabt)
Das hat sie gestern **gehabt**.

B. Respond that you would like to do the same.

BEISPIEL: Ich habe in Berlin gewohnt.
Ich **möchte** auch in Berlin **wohnen**.

C. Restate the sentences with the new subjects you will hear.

BEISPIEL: *Ich* habe gestern einen Schreibtisch gekauft. (Clara)
Clara hat gestern einen Schreibtisch gekauft.

Variation zu Übung 5. Restate the sentences with the new subjects you will hear.

BEISPIEL: *Ich* habe ihnen Geld gegeben. (Richard)
Richard hat ihnen Geld gegeben.

Variation zu Kettenreaktion 7. Restate the sentences with the new subjects you will hear.

BEISPIEL: *Wir* sind gestern nach Berlin geflogen. (diese Herren)
Diese Herren sind gestern nach Berlin geflogen.

Variation zu Partnerarbeit 9. Change the meaning of each sentence by replacing the past participle with the new one you will hear.

BEISPIEL: Hast du es schon gesungen? (gegessen)
Hast du es schon **gegessen**?

Variation zu Übung 10. The following things happened in the past. Restate the following sentences in the perfect.

BEISPIEL: Emma liest die Zeitung.
Emma **hat** die Zeitung **gelesen**.

Variationen zu Übung 12.

A. Restate each sentence with the new subject you will hear.

BEISPIEL: *Ich* habe um drei Uhr aufgehört. (wir)
Wir haben um drei Uhr aufgehört.

B. These things happened in the past. Restate the following sentences in the perfect tense.

BEISPIEL: Sie macht die Tür auf.
Sie **hat** die Tür **aufgemacht.**

Variationen zu Partnerarbeit 13.

A. Restate the sentence with the new subject you will hear.

BEISPIEL: *Christian* hat alles vergessen. (Herr Bender)
Herr Bender hat alles vergessen.

B. Respond in the perfect tense that the following things have already been taken care of.

BEISPIEL: Besuchst du seine Vorlesung?
Ich **habe** seine Vorlesung **besucht.**

Variation zu Kettenreaktion 14. Restate the following questions and statements in the perfect tense.

BEISPIEL: Kennst du dieses Buch schon?
Hast du dieses Buch schon **gekannt?**

Variation zu Übung 22. Substitute the new verb you will hear and change the case of the article as necessary.

BEISPIEL: Georg wartet vor dem Geschäft. (fahren)
Georg **fährt** vor **das** Geschäft.

Variation zu Partnerarbeit 27. Substitute the new nouns you will hear. Pay attention to the endings on these masculine N-nouns.

BEISPIEL: Kennen Sie *den Herrn?* (Tourist)
Kennen Sie **den Touristen?**

ÜBUNG ZUR BETONUNG

Listen to each word or phrase as it is spoken. Repeat it in the pause provided, and then underline the stressed syllable or syllables in the list below.

die Phi lo so phie	das Vor le sungs ver zeich nis	die Klau sur
der Stu den ten aus weis	das Stu den ten wohn heim	kos ten los
das Haupt fach	ge ra de	ver ant wort lich
die Ge schich te	aus ge ben	das Pro gramm
das The a ter	un mög lich	pri vat
das Se mi nar	die Se mes ter fe ri en	das Kon zert
so fort	das Re fe rat	fi nan zie ren
mit brin gen	ent täu schen	ant wor ten
eine Ka ta stro phe	die Wohn ge mein schaft	

DIKTAT

Listen to each sentence several times. After listening once, try to write all that you have heard in the space below. Listen again until you feel confident that you are writing what you hear. (The dictation contains material from all of **Kapitel 6**. You should study the **Grammatik** and the **Lesestück** sections before doing it.)

1. _____
   _____

2. _____
   _____

3. _____
   _____

4. _____
   _____

5. _____
   _____

6. _____
   _____

7. _____
   _____

8. _____
   _____

9. _____
   _____

10. _____
    _____

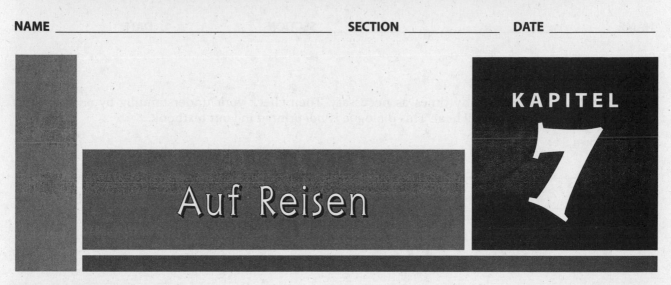

KAPITEL
7

Auf Reisen

DIALOGE (p. 175)

Practice speaking what you hear. Listen to each dialogue twice. First, listen to the dialogue at normal speed. Then, replay the track pausing the recording after each phrase and repeat after the speaker. Each dialogue is followed by an exercise to check your comprehension.

Fragen zu den Dialogen

Following the first two dialogues you will hear a series of statements. Decide whether each statement is true or false (**richtig oder falsch**). For the third dialogue choose the best answer to the questions you will hear. Mark your answers below.

Dialog 1: Am Bahnhof

RICHTIG ODER FALSCH?

1. R F   **3.** R F

2. R F   **4.** R F

Dialog 2: Vor der Urlaubsreise

RICHTIG ODER FALSCH?

1. R F   **4.** R F

2. R F   **5.** R F

3. R F

Dialog 3: Am Telefon

VERSTEHEN SIE?

1. a. Er hat gearbeitet.   **3.** a. Nein, er ist sehr müde.
  b. Er hat geschlafen.   b. Ja, er will nicht mehr schlafen.
  c. Er hat gegessen.   c. Nein, er will jetzt wieder ins Bett.

2. a. Auf dem Bett.   **4.** a. Seine Frau ist allein gereist.
  b. Auf dem Sofa.   b. Seine Tochter hat mit ihrem Freund eine Reise gemacht.
  c. Draußen.   c. Sein Sohn ist allein gereist.

Hören Sie gut zu!

Listen to the dialogue as many times as necessary. Then check your understanding by answering in German the questions you will hear. This dialogue is *not* printed in your textbook.

VERSTEHEN SIE?

1. _____

2. _____

3. _____

4. _____

5. _____

ÜBUNG ZUR AUSSPRACHE

Sounds represented by *ü, u,* and *y*

A. You will hear four pairs of words. The first word contains the German long **u** sound, the second contains the long **ü** sound. Repeat each pair of words after the speaker.

Long *u*	Long *ü (y)*
fuhr	für
Uhr	über
gut	Grüß
tun	typisch

B. You will hear four pairs of words. The first word contains the German long **i** sound, the second contains the long **ü** sound. Repeat each pair after the speakers.

Long *i*	Long *ü*
vier	für
Tier	Tür
sieben	Süden
Kiel	kühl

C. You will hear four pairs of words. The first word contains the German long **ü** sound, the second contains the short **ü** sound. Repeat each pair after the speakers.

Long *ü*	Short *ü*
Hüte	Hütte
Mühle	Müller
müde	Mütter
Füße	Flüsse

D. Now, repeat the sentences in the pauses provided.

1. Günther kommt aus Lübeck und kennt den Süden nicht.
2. Du musst schnell zum Bus!
3. Wir müssen früher fahren. Später gibt es keine Züge mehr nach München.
4. Für uns ist neun Uhr zu früh.

ÜBEN WIR! (pp. 180–190)

The exercises in this section of the SAM Audio Program are designed to give you additional practice with the grammatical structures and the vocabulary you are learning. The numbering of the exercises corresponds to the numbering in the textbook. Read the directions for each exercise, then follow the model (**Beispiel**) and respond in the pauses.

Übung 2. Respond to each statement as in the model.

> **BEISPIEL:** Dieser Berg ist steil.
> Ja, **aber nicht jeder** Berg ist steil.

Variation zu Partnerarbeit 4. Join the following sentences together with the coordinating conjunctions you will hear.

> **BEISPIEL:** Ich lese gern. Ich habe nie genug Zeit. (aber)
> Ich lese gern, **aber** ich habe nie genug Zeit.

1. Das Telefon hat geklingelt. Du warst nicht zu Hause.
2. Ich kann im Studentenwohnheim kochen. Ich muss nicht viel Geld ausgeben.
3. Ich mache das Fenster auf. Es ist wirklich sehr warm.
4. Müssen Sie morgen abfahren? Können Sie noch einen Tag bleiben?
5. Ich ziehe nicht aus. Mein Freund zieht ein.
6. Es tut mir Leid. Ich kann dir nicht helfen.
7. Für diesen Kurs schreibe ich keine Klausur. Ich schreibe ein Referat.
8. Ich bin in diesem Seminar. Die Diskussion finde ich uninteressant.

Übung 5: *Aber* oder *sondern*? Combine each pair of simple sentences into a compound sentence, using **aber** or **sondern**, as appropriate. Use ellipsis where possible.

> **BEISPIEL:** Sie fliegt nach Italien. Ihr Mann fährt mit dem Zug.
> Sie fliegt nach Italien, **aber** ihr Mann fährt mit dem Zug.

Variationen zu Übung 7.

A. Substitute each new item you will hear.

> **BEISPIEL:** *Der Koffer* gefällt mir. (dieser Hut)
> **Dieser Hut** gefällt mir.

B. Substitute the new dative objects cued in English.

> **BEISPIEL:** Bernd soll *uns* helfen. (*me*)
> Bernd soll **mir** helfen.

Variation zu Übung 10. Answer the following questions affirmatively. Use the appropriate dative pronouns in your response.

> **BEISPIEL:** Geht es *Luise* besser?
> Ja, es geht **ihr** besser.

Variation zu Gruppenarbeit 12. Restate the following questions as polite requests using a form of **würde**.

> **BEISPIEL:** Schickst du mir bitte eine E-Mail?
> **Würdest** du mir bitte eine E-Mail **schicken**?

Variation zu Partnerarbeit 14: Was wurdest du lieber machen? Express what you would rather do. Follow the model.

>   **BEISPIEL:** Ich stehe. (sitzen)
>   Aber ich **würde lieber sitzen.**

Variationen zu Übung 15.

A. **Was hast du getan?** Explain where you put things, using the cued expressions.

>   **BEISPIEL:** Wohin hast du die Weinflasche gestellt? (auf das Regal)
>   Ich habe sie **auf das Regal** gestellt.

B. **Wo ist es jetzt?** Now indicate where those things are.

>   **BEISPIEL:** Wo steht jetzt die Flasche? (auf dem Boden)
>   Sie steht jetzt **auf dem Boden.**

Übung 17: Wie viel Uhr ist es? Answer the questions you hear according to the times you see printed in English below. Use the official 24-hour clock.

>   **BEISPIEL:** Wie viel Uhr ist es?
>   11:20 PM
>   Es ist **dreiundzwanzig Uhr zwanzig.**

Wie viel Uhr ist es?

1. 1:55 PM
2. 6:02 PM
3. 11:31 AM
4. 9:47 PM
5. 10:52 PM
6. 2:25 AM

ÜBUNG ZUR BETONUNG

Listen to each word or phrase as it is spoken. Repeat it in the pause provided, and then underline the stressed syllable or syllables in the list below.

der Ho ri zont	ge fal len
die Wan der lust	spon tan
ge nie ßen	Mün chen
ver bring en	un be kannt
ü ber nach ten	das Ge päck
Frank reich	Das macht nichts.
das In stru ment	Das ist mir e gal.
die Ka me ra	so wie so
die Ju gend her ber ge	be quem
das Ben zin	re ser vie ren
sym pa thisch	das Flug zeug
aus stei gen	ver rückt
er fährt Rad	der Kon takt
ab fah ren	

DIKTAT

Listen to each sentence several times. After listening once, try to write all that you have heard in the space below. Listen again until you feel confident that you are writing what you hear. (The dictation contains material from all of **Kapitel 7**. You should study the **Grammatik** and the **Lesestück** sections before doing it.)

1. _____

_____

2. _____

_____

3. _____

_____

4. _____

_____

5. _____

_____

6. _____

_____

7. _____

_____

8. _____

_____

9. _____

_____

10. _____

_____

Das Leben in der Stadt

DIALOGE (p. 202)

Practice speaking what you hear. Listen to each dialogue twice. First, listen to the dialogue at normal speed. Then, replay the track pausing the recording after each phrase and repeat each phrase after the speaker. Each dialogue is followed by an exercise to check your comprehension.

Fragen zu den Dialogen

For the first dialogue, choose the best answer to the questions you will hear. Following the second and third dialogues you will hear a series of statements. Decide whether each statement is true or false (**richtig oder falsch**). Mark your answers below.

Dialog 1: Im Restaurant: Zahlen bitte!

VERSTEHEN SIE?

1. a. Er hat ein Schnitzel und eine Suppe gehabt.
   b. Er hat ein Schnitzel, aber kein Bier gehabt.
   c. Er hat ein Schnitzel und einen Salat gehabt.

2. a. Er möchte noch ein Bier bestellen.
   b. Er möchte noch eine Tasse Kaffee bestellen.
   c. Er möchte nichts mehr bestellen.

3. a. Es hat ihm ausgezeichnet geschmeckt.
   b. Das Essen hat ihm nicht geschmeckt.
   c. Es hat ihm ziemlich gut geschmeckt.

4. a. Es kostet zwanzig Euro.
   b. Es kostet dreizehn Euro fünfzig.
   c. Es kostet vierzehn Euro.

Dialog 2: Was brauchen wir noch?

RICHTIG ODER FALSCH?

1. R F
2. R F
3. R F
4. R F

Dialog 3: Ein Stadtbummel

RICHTIG ODER FALSCH?

1. R F
2. R F
3. R F
4. R F

Hören Sie gut zu!

Listen to the dialogue as many times as necessary. Then check your understanding by answering in German the questions you will hear. This dialogue is *not* printed in your textbook.

VERSTEHEN SIE?

1. _____

2. _____

3. _____

4. _____

ÜBUNG ZUR AUSSPRACHE

Final -e and -er

A. In the following pairs of words notice the difference between the unstressed **-e** sound, which sounds like English *a* in *sofa,* and the unstressed **-er**, which resembles the *u* in English *but*. Practice the difference between the two sounds as you repeat each word pair after the speaker.

Final -e	Final -er	Final -er	Final -er
baue	Bauer	bitte	bitter
eine	einer	volle	voller
fahre	Fahrer	arbeite	Arbeiter
rede	Räder	schöne	schöner
Liebe	lieber	müde	müder

B. Now, repeat the following sentences after the speaker.

1. Ist Walter Fabrikarbeiter?
2. Ja, er arbeitet in einer Fabrik in Hannover. Seine Freundin heißt Susanne Müller.
3. Ich glaube, ich kenne sie. Sie wohnt in einer Stadt in der Nähe von Hannover.

ÜBEN WIR! (pp. 207–217)

The exercises in this section of the SAM Audio Program are designed to give you additional practice with the grammatical structures and the vocabulary you are learning. The numbering of the exercises corresponds to the numbering in the textbook. Read the directions for each exercise, then follow the model (**Beispiel**) and respond in the pauses.

Übung 1: Ich weiß, dass ... Say that you know the following things are true.

BEISPIEL: Die Äpfel sind teuer.
           Ich weiß, dass sie teuer sind.

Übung 2: Ich weiß nicht, ob ... Respond to the following questions by saying that you don't know. Begin with **Ich weiß nicht, ob ...**

> BEISPIEL: Ist dieses Restaurant teuer?
> **Ich weiß nicht, ob** es teuer **ist.**

Variation zu Partnerarbeit 3: Warum bleibst du heute zu Hause? Explain why you are staying home today. Change the sentence you will hear to a **weil**-clause. Remember to place the verb at the end of that clause.

> BEISPIEL: Das Wetter ist so schön.
> Ich bleibe zu Hause, **weil das Wetter so schön ist.**

Variation zu Übung 5. Answer these questions about your friends' bicycle tour. Begin your response with the phrase **Ich weiß nicht ...**

> BEISPIEL: Wer fährt mit?
> Ich weiß nicht, **wer mitfährt.**

Übung 7: Ich habe eine Frage. Say what your professor, Frau Müller, has asked you.

> BEISPIEL: Ich habe eine Frage: Wann stehen Sie auf?
> Sie möchte wissen, wann ich **aufstehe.**
>
> Kommt Bernd vorbei?
> Sie möchte wissen, ob Bernd **vorbeikommt.**

Variation zu Übung 8. Reverse the order of the clauses in the sentences you will hear.

> BEISPIEL: Sie kann mir nicht sagen, wo sie wohnt.
> Wo sie wohnt, **kann sie** mir nicht sagen.

Variation zu Übung 12. Restate the sentences you hear as infinitive phrases. Begin with the cued phrase, as in the model.

> BEISPIEL: Er schreibt den Brief. (Er hat Zeit ...)
> Er hat Zeit **den Brief zu schreiben.**

Variationen zu Übung 13.

A. Warum musst du nach Hause? Rephrase the second sentence with an infinitive phrase + **um ... zu.**

> BEISPIEL: Ich muss nach Hause. Ich muss das Essen kochen.
> Ich muss nach Hause, **um das Essen zu kochen.**

B. Warum gehst du heute in die Stadt? Rephrase the second sentence with an infinitive phrase + **um ... zu.**

> BEISPIEL: Ich gehe heute in die Stadt. Ich möchte einen Film sehen.
> Ich gehe heute in die Stadt, **um einen Film zu sehen.**

Übung 16. Combine these sentences, changing the second one to an **ohne ... zu** phrase.

> BEISPIEL: Er hat den Koffer genommen. Er hat mich nicht gefragt.
> Er hat den Koffer genommen, **ohne mich zu fragen.**

Übung 17. Change these noun phrases from nominative to genitive.

> BEISPIEL: der Zug
> der Zug, **des Zuges**

Variation zu Partnerarbeit 19. Use the genitive case in your answer.

> **BEISPIELE:** Gehört diese Uhr deiner Schwester?
> Ja, das ist die Uhr **meiner Schwester**.

ÜBUNG ZUR BETONUNG

Listen to each word or phrase as it is spoken. Repeat it in the pause provided, and then underline the stressed syllable or syllables in the list below.

die Alt stadt

die In du strie stadt

der As pekt

das Res tau rant

die Dy nas tie

das Lo kal

an der Ecke

der Sa lat

die So zi al ar bei te rin

trotz dem

Groß bri tan ni en

der Stadt bum mel

zum A bend es sen

das Ge bäu de

das Mu se um

aus ge zeich net

ein la den

noch et was

in der Nä he

der Ein druck

der Fuß gäng er

das Jahr hun dert

das Fahr rad

ge ra de aus

die Ge le gen heit

zu erst

im Ge gen teil

die Se hens wür dig keit

die Hei mat stadt

DIKTAT

Listen to each sentence several times. After listening once, try to write down all that you have heard. Listen again until you feel confident that you are writing what you hear. (The dictation contains material from all of **Kapitel 8**. You should study the **Grammatik** and the **Lesestück** sections before doing it.)

1. _____

_____

2. _____

_____

3. _____

_____

4. _____

_____

5. _____

_____

6. _____

_____

7. _____

_____

8. _____

_____

9. _____

_____

10. _____

_____

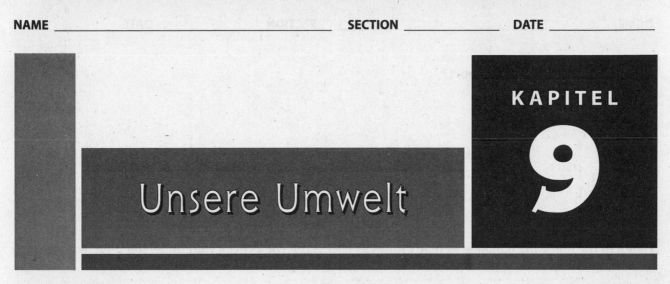

KAPITEL
9

Unsere Umwelt

DIALOGE (p. 233)

Practice speaking what you hear. Listen to each dialogue twice. First, listen to the dialogue at normal speed. Then, replay the track pausing the recording after each phrase and repeat each phrase after the speaker. Each dialogue is followed by an exercise to check your comprehension.

Fragen zu den Dialogen

Following the first and third dialogues you will hear a series of statements. Decide whether each statement is true or false (**richtig oder falsch**). For the second dialogue, choose the best answer to the questions you will hear. Mark your answers below.

Dialog 1: Recycling in unserem Wohnhaus

RICHTIG ODER FALSCH?

1. R   F
2. R   F
3. R   F
4. R   F

Dialog 2: Ein umweltfreundliches Geburtstagsgeschenk

VERSTEHEN SIE?

1. a. Das Fahrrad war ein Geburtstagsgeschenk von seinen Eltern.
   b. Marianne hat es ihm geschenkt.
   c. Sein Freund hat ihm ein Rad statt eines Wagens geschenkt.

2. a. Sie besitzen immer noch einen Wagen.
   b. Nein, denn sie brauchen keinen Wagen mehr.
   c. Sie besitzen einen Wagen, aber er ist ziemlich kaputt.

3. a. Sie wohnen auf dem Land, aber sie wollen bald umziehen.
   b. Sie wohnen in der Stadt, aber sie wollen umziehen.
   c. Sie wohnen jetzt in der Stadt.

4. a. Wenn man Rad fährt, bleibt man fit.
   b. Mit einem Rad kommt man schnell in die Stadt.
   c. Ein Rad ist billig und macht keine Luftverschmutzung.

Dialog 3: Treibst du gern Sport?

RICHTIG ODER FALSCH?

1. R F

2. R F

3. R F

4. R F

Hören Sie gut zu!

Listen to the following dialogue as many times as necessary. Then check your understanding by answering in German the questions you will hear. This dialogue is *not* printed in your textbook.

VERSTEHEN SIE?

1. _____

2. _____

3. _____

4. _____

5. _____

ÜBUNG ZUR AUSSPRACHE

Starting with **Kapitel 9** there will be no further drills on the sounds of German. It is a good idea to go back to the **Einführung** from time to time as you continue your study of German.

ÜBEN WIR! (pp. 242–248)

The exercises in this section of the SAM Audio Program are designed to give you additional practice with the grammatical structures and the vocabulary you are learning. The numbering of the exercises corresponds to the numbering in the textbook. Read the directions for each exercise, then follow the model (**Beispiel**) and respond in the pauses.

Variationen zu Übung 1.

A. Substitute the new phrase you will hear.

> **BEISPIEL:** Wo ist das *neue Fahrrad*? (neue Buch)
> Wo ist das **neue Buch**?

B. Replace the noun with the new noun you will hear, making the necessary changes in the endings and the form of the verb.

> **BEISPIEL:** Dieses schöne *Geschenk* gefällt mir. (Geschenke)
> **Diese schönen Geschenke gefallen** mir.

C. Add each new adjective you will hear to the sentence, using the appropriate adjective ending.

> **BEISPIEL:** Mir gefällt das Haus. (schön)
> Mir gefällt das **schöne** Haus. (alt)
> Mir gefällt das **schöne alte** Haus.

Variationen zu Gruppenarbeit 2.

A. Substitute the new phrase you will hear.

> **BEISPIEL:** Wo ist mein *neues Fahrrad*? (neues Auto)
> Wo ist mein **neues Auto**?

B. Replace the object noun in the sentence with the new one you will hear. Use the correct adjective ending.

> **BEISPIEL:** Ich kenne einen interessanten *Mann*. (Lehrerin)
> Ich kenne **eine interessante Lehrerin**.

C. Replace the subject with the new one you will hear.

> **BEISPIEL:** Ihr neues *Rad* hat viel gekostet. (Uhr)
> **Ihre neue Uhr** hat viel gekostet.

D. Replace the dative object with the new one you will hear.

> **BEISPIEL:** Wir haben in einem schönen *Hotel* übernachtet. (Wohnung)
> Wir haben in **einer schönen Wohnung** übernachtet.

E. Replace the genitive phrase with the new one you will hear.

> **BEISPIEL:** Das ist das Rad meines kleinen *Bruders*. (Schwester)
> Das ist das Rad **meiner kleinen Schwester**.

F. Replace the direct object with the new one you will hear.

> **BEISPIEL:** Hier gibt es keine gute *Buchhandlung*. (Restaurant)
> Hier gibt es **kein gutes Restaurant**.

G. Replace the dative object with the new one you will hear.

> **BEISPIEL:** Wir gehen mit unserem deutschen *Freund* ins Kino. (Freundin)
> Wir gehen mit **unserer deutschen Freundin** ins Kino.

H. Replace the subject with the new one you will hear.

> **BEISPIEL:** Unsere kleine *Schwester* sagt das immer. (Bruder)
> **Unser kleiner Bruder** sagt das immer.

Variation zu Übung 6. Use **was für** to ask for more information, as in the model.

> **BEISPIEL:** Peter hat sich einen Wagen gekauft.
> **Was für** einen Wagen hat er sich gekauft?

Variation zu Übung 8. Say that you don't have any of the things you are asked about. Follow the model.

> **BEISPIEL:** Ist dieser Computer neu?
> Nein, wir haben **keinen neuen Computer**.

Übung 14: Der Wievielte ist heute? Say what date it is, using the cues below.

A. Der Wievielte ist heute?

> **BEISPIEL:** Der Wievielte ist heute? (3. August)
> Heute ist der **dritte August**.

> 9. Februar
> 1. Mai
> 20. Juli
> 2. Januar
> 8. April

B. **Den Wievielten haben wir heute?**

BEISPIEL: Den Wievielten haben wir heute? (5. März)
Heute haben wir den **fünften März.**

13. Juni
19. November
11. September
7. Dezember
28. Oktober

Variation zu Übung 15: **Wann kommen Sie?** Say when each person is coming.

BEISPIEL: Wann kommt Frank?
Er kommt am **vierten Januar.**

30. September
5. April
25. Juli
31. Oktober
20. Februar
24. März

ÜBUNG ZUR BETONUNG

Listen to each word or phrase as it is spoken. Repeat it in the pause provided, and then underline the stressed syllable or syllables in the list below.

der Ge burts tag
das A tom
der Fort schritt
de mon strie ren
die Luft ver schmut zung
die E lek tri zi tät
be reit
die E ner gie
die Kon se quenz
die Tech nik
pro du zie ren
das Pro zent
ra di kal
nie drig
sow je tisch
na end lich!
der Po li ti ker
die Po li tik
der Un fall
die Ge sell schaft
die Par tei
die Do se
er staun lich
die Um welt

DIKTAT

Listen to each sentence several times. After listening once, try to write all that you have heard in the space below. Listen again until you feel confident that you are writing what you hear. (The dictation contains material from all of **Kapitel 9**. You should study the **Grammatik** and the **Lesestück** sections before doing it.)

1. _____

_____

2. _____

_____

3. _____

_____

4. _____

_____

5. _____

_____

6. _____

_____

7. _____

_____

8. _____

_____

9. _____

_____

10. _____

_____

DIALOGE (p. 261)

Practice speaking what you hear. Listen to each dialogue twice. First, listen to the dialogue at normal speed. Then, replay the track pausing the recording after each phrase and repeat after the speaker. Each dialogue is followed by an exercise to check your comprehension.

Fragen zu den Dialogen

For the first and third dialogues, decide whether the statements you will hear are true or false (**richtig oder falsch**). Following the second dialogue, choose the best answer to the questions you will hear. Mark your answers below.

Dialog 1: Damals

RICHTIG ODER FALSCH?

1. R F   **2.** R F   **3.** R F   **4.** R F

Dialog 2: Das ärgert mich!

VERSTEHEN SIE?

1. a. Heinz hat seinen Rucksack verloren.

   b. Barbara hat seinen iPod verloren.

   c. Wahrscheinlich hat Heinz Barbaras iPod verloren.

2. a. Vor zwei Wochen.

   b. Vor zehn Minuten.

   c. Vor zwei Minuten.

3. a. Heinz hat Jürgen getroffen.

   b. Heinz konnte den iPod nicht finden.

   c. Jemand hat seinen Geldbeutel geklaut.

4. a. Er ist in Heinz' Rucksack.

   b. Jemand hat ihn geklaut.

   c. Wir wissen es nicht.

Dialog 3: Schlimme Zeiten

RICHTIG ODER FALSCH?

1. R F   **2.** R F   **3.** R F   **4.** R F

Hören Sie gut zu!

Listen to the dialogue as many times as necessary. Then check your understanding by answering in German the questions you will hear. This dialogue is *not* printed in your textbook.

VERSTEHEN SIE?

1. _____

2. _____

3. _____

4. _____

5. _____

ÜBEN WIR! (pp. 265–277)

The exercises in this section of the SAM Audio Program are designed to give you additional practice with the grammatical structures and the vocabulary you are learning. The numbering of the exercises corresponds to the numbering in the textbook. Read the directions for each exercise, then follow the model (**Beispiel**) and respond in the pauses.

Variationen zu Übung 1.

A. Substitute the new subjects you will hear. Change the verb forms accordingly.

> BEISPIEL: *Ich* wohnte damals in Wien. (du)
> **Du wohntest** damals in Wien.

B. Use the simple past tense to give an account of Birgit's day. Change the verb forms accordingly.

> BEISPIEL: Birgit *braucht* Lebensmittel.
> Birgit **brauchte** Lebensmittel.

Variationen zu Übung 2.

A. Substitute the new subjects you will hear. Change the verb forms accordingly.

> BEISPIEL: *Wir* schliefen bis halb zehn. (ich)
> **Ich schlief** bis halb zehn.

B. Change the following sentences from present to simple past.

> BEISPIEL: Mir *gefällt* sein neues Auto.
> Mir **gefiel** sein neues Auto.

Variation zu Übung 4. Substitute the new subjects you will hear. Change the verb forms accordingly.

> BEISPIEL: *Ich* konnte den Bahnhof nicht finden. (du)
> **Du konntest** den Bahnhof nicht finden.

Variationen zu Übung 5.

A. Substitute the new subjects you will hear. Change the verb forms accordingly.

> BEISPIEL: *Ich* kannte Hans sehr gut. (du)
> **Du kanntest** Hans sehr gut.

B. Substitute the new subjects you will hear. Change the verb forms accordingly.

> BEISPIEL: *Wir* wurden schnell müde. (ich)
> **Ich wurde** schnell müde.

C. Tell the following narrative in the simple past tense.

> BEISPIEL: Wo bist du denn?
> Wo **warst** du denn?

Variation zu Partnerarbeit 7: Es war schon spät. Say that it was already late when the following things happened.

> BEISPIEL: Ich kam nach endlich Hause.
> Es war schon spät, **als ich endlich nach Hause kam**.

Variation zu Übung 12. Was hattest du schon gemacht? Say what you had already done when Anton came home.

> BEISPIEL: alles eingekauft
> Als Anton endlich nach Hause kam, **hatte ich schon alles eingekauft**.

Übung 14: Wie lange schon?

A. Say that you have been doing the following things for two years. Use the word **schon** in your answer.

> BEISPIEL: Wie lange arbeiten Sie schon hier?
> Ich arbeite **schon zwei Jahre** hier.

B. Now use the word **seit** in your answer.

> BEISPIEL: Seit wann arbeiten Sie hier?
> Ich arbeite **seit zwei Jahren** hier.

ÜBUNG ZUR BETONUNG

Listen to each word or phrase as it is spoken. Repeat it in the pause provided, and then underline the stressed syllable or syllables in the list below.

die De mo kra tie	die Op po si ti on
vor her	die Re pub lik
in ter view en	die Si tu a ti on
pas sie ren	ter ro ris tisch
ex trem	er klä ren
am Nach mit tag	der An ti se mi tis mus
der Se ni or	un ter bre chen
der Di rek tor	die Ar beits lo sig keit
die E po che	die I dee
il le gal	die Schrift stel le rin
die In fla ti on	ar beits los
ma ni pu lie ren	un ru hig
die Mo nar chie	nach dem
die Me tho de	aus län disch

DIKTAT

Listen to each sentence several times. After listening once, try to write all that you have heard in the space below. Listen again until you feel confident that you are writing what you hear. (The dictation contains material from all of **Kapitel 10**. You should study the **Grammatik** and the **Lesestück** sections before doing it.)

1. _____
   _____

2. _____
   _____

3. _____
   _____

4. _____
   _____

5. _____
   _____

6. _____
   _____

7. _____
   _____

8. _____
   _____

9. _____
   _____

10. _____
    _____

DIALOGE (p. 289)

Practice speaking what you hear. Listen to each dialogue twice. First, listen to the dialogue at normal speed. Then, replay the track pausing the recording after each phrase and repeat each phrase after the speaker. Each dialogue is followed by an exercise to check your comprehension.

Fragen zu den Dialogen

Following the first two dialogues, decide whether the statements you will hear are true or false (**richtig oder falsch**). For the third dialogue, choose the best answer to the questions you will hear. Mark your answers below.

Dialog 1: Am Brandenburger Tor

RICHTIG ODER FALSCH?

1. R F   **2.** R F   **3.** R F   **4.** R F

Dialog 2: Ein Unfall: Stefan bricht sich das Bein

RICHTIG ODER FALSCH?

1. R F   **2.** R F   **3.** R F   **4.** R F

Dialog 3: Anna besucht Stefan im Krankenhaus

VERSTEHEN SIE?

1. a. Sie sprechen am Telefon.
   b. Sie sind an der Uni
   c. Sie sprechen zusammen im Krankenhaus.

2. a. Nein, der Arm tut ihm weh.
   b. Nein, das Bein tut ihm noch sehr weh.
   c. Ja, das Bein tut ihm nicht mehr sehr weh.

3. a. Er darf sich schon selber waschen.
   b. Er darf sich schon anziehen.
   c. Er darf schon aufstehen.

4. a. Sie hat ihm eine Zeitung mitgebracht.
   b. Sie hat ihm nur Blumen mitgebracht.
   c. Sie hat ihm zwei Geschenke mitgebracht.

Hören Sie gut zu!

Listen to the dialogue as many times as necessary. Then check your understanding by answering in German the questions you will hear. This dialogue is *not* printed in your textbook.

VERSTEHEN SIE?

1. _____

2. _____

3. _____

4. _____

_____

5. _____

ÜBEN WIR! (pp. 293–305)

The exercises in this section of the SAM Audio Program are designed to give you additional practice with the grammatical structures and the vocabulary you are learning. The numbering of the exercises corresponds to the numbering in the textbook. Read the directions for each exercise, then follow the model (**Beispiel**) and respond in the pauses.

Variation zu Partnerarbeit 1. Replace the subject with the new one you will hear. Change the verb forms accordingly.

> **BEISPIEL:** *Ich* kenne mich gut. (du)
> **Du kennst dich** gut.

Variationen zu Gruppenarbeit 5.

A. Tell your friend to do the following things.

> **BEISPIEL:** Soll ich mich beeilen?
> **Ja, beeile dich!**

B. Now tell two of your friends to do the following things.

> **BEISPIEL:** Sollen wir uns freuen?
> **Ja, freut euch!**

C. Now use the **Sie**-form to answer an older person or persons.

> **BEISPIEL:** Muss ich mich beeilen?
> **Ja, bitte beeilen Sie sich!**

Variation zu Übung 8. Say that the person is doing something for herself or himself by adding the dative reflexive pronoun.

> **BEISPIEL:** Kauft sie heute einen neuen Pulli?
> Ja, sie kauft **sich** heute einen neuen Pulli.

Variation zu Partnerarbeit 10. Replace the subject with the new one you will hear.

> **BEISPIEL:** Was will *er* sich ansehen? (wir)
> Was **wollen wir uns** ansehen?

Variation zu Übung 12. Replace the subject with the new one you will hear.

> **BEISPIEL:** Wie hat *er* sich das Bein gebrochen? (ich)
> Wie **habe ich mir** das Bein gebrochen?

Variation zu Übung 17. Add each new word you will hear to the sentence, giving it the correct ending.

> **BEISPIEL:** Geben Sie mir Blumen, bitte. (einige)
> Geben Sie mir **einige** Blumen, bitte. (rot)
> Geben Sie mir **einige rote** Blumen, bitte.

Übung 19.

A. Complete each sentence you will hear with the appropriate form of **mein Bekannter**.

> **BEISPIEL:** (mein Bekannter)
> Das ist _____ .
> Das ist **mein Bekannter.**

1. Heute zum Mittagessen treffe ich _____ .

2. Ich gehe oft mit _____ Volleyball spielen.

3. Das ist die Frau _____ .

4. _____ heißt Robert.

B. Now use a form of **meine Bekannten** (*my friends*).

5. Das sind _____ .

6. Kennen Sie _____ ?

7. Helfen Sie bitte _____ !

8. Das sind die Kinder _____ .

C. Now use a form of **die Deutsche** (*the German [f.]*).

9. Wie heißt denn _____ ?

10. Meinst du _____ ?

11. Ich reise mit _____ nach Italien.

12. Ist das der Rucksack _____ ?

D. Now use a form of **unser Verwandter** (*our relative [m.]*).

13. Helmut ist _____ .

14. Kennst du _____ ?

15. Du sollst mit _____ sprechen.

16. Die Tochter _____ besucht uns morgen.

Variation zu Übung 23. Restate the **wenn**-clause as a prepositional phrase using **bei**.

> **BEISPIEL:** Ich habe Angst, wenn ich Rad fahre.
> Ich habe Angst **beim Radfahren.**

ÜBUNG ZUR BETONUNG

Listen to each word or phrase as it is spoken. Repeat it in the pause provided, and then underline the stressed syllable or syllables in the list below.

die Be am tin

die Scho ko la de

Gu te Bes se rung!

das Ge sicht

die I ta li e ne rin

i ta li e nisch

fran zö sisch

der Fran zo se

Frank reich

die De mon stra ti o nen

der Pro test

mo der ni sie ren

ex is tie ren

ei ne Mil li on

das Sym bol

se pa rat

zen tral

der Nach bar

das Mit glied

die Sow jet un i on

die Re vo lu ti on

die Zo ne

der Ka pi ta lis mus

der Kom mu nis mus

der Un ter schied

ver schie den

eu ro pä isch

die Ver ei ni gung

be rühmt

die Zu kunft

die Ver gang en heit

aus wan dern

DIKTAT

Listen to each sentence several times. After listening once, try to write all that you have heard in the space below. Listen again until you feel confident that you are writing what you hear. (The dictation contains material from all of **Kapitel 11**. You should study the **Grammatik** and the **Lesestück** sections before doing it.)

1. _____

   _____

2. _____

   _____

3. _____

   _____

4. _____

   _____

5. _____

   _____

6. _____

   _____

7. _____

   _____

8. _____

   _____

9. _____

   _____

10. _____

   _____

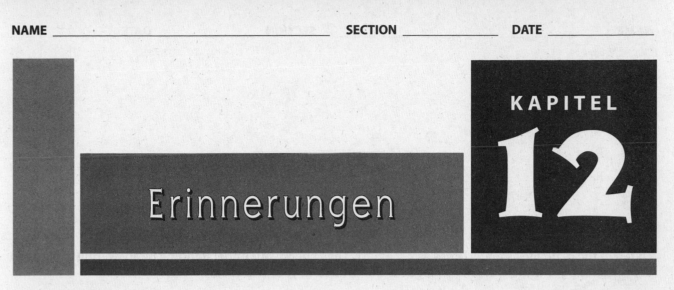

Erinnerungen

KAPITEL 12

DIALOGE (p. 319)

Practice speaking what you hear. Listen to each dialogue twice. First, listen to the dialogue at normal speed. Then, replay the track pausing the recording after each phrase and repeat each phrase after the speaker. Each dialogue is followed by an exercise to check your comprehension.

Fragen zu den Dialogen

Following the first dialogue, choose the best answer to the questions you will hear. For the second and third dialogues, decide whether the statements you will hear are true or false (**richtig oder falsch**). Mark your answers below.

Dialog 1: Idiotensicher

VERSTEHEN SIE?

1. a. Das Buch gehört Karin.
   b. Das Buch gehört ihrem Freund.
   c. Karin hat das Buch ihrem Freund gegeben.

2. a. Das Buch ist bei Karin zu Hause.
   b. Karin kann das Buch leider nicht finden.
   c. Das Buch ist an der Uni.

3. a. Sie will das Buch einem Freund leihen.
   b. Sie braucht das Buch für ihre Arbeit.
   c. Sie liest sehr langsam.

4. a. Sie schreibt es mit der Hand.
   b. Sie schreibt es auf Englisch.
   c. Sie schreibt es auf ihrem neuen Laptop.

Dialog 2: Klatsch

RICHTIG ODER FALSCH?

1. R F
2. R F
3. R F
4. R F

Dialog 3: Vor der Haustür

RICHTIG ODER FALSCH?

1. R F

2. R F

3. R F

4. R F

Hören Sie gut zu!

Listen to the dialogue as many times as necessary. Then check your understanding by answering in German the questions you will hear. This dialogue is *not* printed in your textbook.

VERSTEHEN SIE?

1. _____

2. _____

3. _____

4. _____

5. _____

ÜBEN WIR! (pp. 324–338)

The exercises in this section of the SAM Audio Program are designed to give you additional practice with the grammatical structures and the vocabulary you are learning. The numbering of the exercises corresponds to the numbering in the textbook. Read the directions for each exercise, then follow the model (**Beispiel**) and respond in the pauses.

Übung 1. Everyone is praising Jörg, but you respond that you are *more* everything than he is.

> **BEISPIEL:** Jörg ist interessant.
> Aber ich bin **interessanter** als er.

Variation zu Übung 3: Im Kaufhaus. You are a salesclerk. Respond to your customer's objections by showing him or her items that are even better.

> **BEISPIEL:** Diese Schuhe sind mir nicht elegant genug.
> Hier haben wir **elegantere** Schuhe.

Variation zu Übung 4: Ich bin am besten! A classmate tells you that Gisela is better than you are. You contradict her by saying that you are the best.

> **BEISPIEL:** Gisela läuft schneller als du.
> Aber ich laufe **am schnellsten**.

Variation zu Übung 6. Answer the following questions using the superlative form of the adjective.

> **BEISPIEL:** Sagst du mir die wichtigen Namen?
> Ich sage dir **die wichtigsten** Namen.

Variation zu Gruppenarbeit 7. Use the comparative and superlative as you compare the following items. Follow the model.

BEISPIEL: Unser Referat ist lang.
Mein Referat ist **länger**, aber sein Referat ist **am längsten**.

Variation zu Übung 9. Compare the cities of Frankfurt, Hamburg, and Salzburg.

BEISPIEL: Frankfurt ist schön. Und Hamburg?
Hamburg ist **schöner**.
Und Salzburg?
Salzburg ist **am schönsten**.

Variation zu Übung 10. Following the model, confirm what you hear using the superlative.

BEISPIEL: Ist das ein guter Platz?
Ja, das ist sogar **der beste** Platz.

Variation zu Gruppenarbeit 11. Show how the future will compare to the present. Follow the model.

BEISPIEL: Die Lebensmittel sind jetzt so *teuer*.
Ja, und sie werden **immer teurer**.

Variation zu Übung 12. Respond to each sentence, following the model.

BEISPIEL: War die graue Hose billiger als die blaue?
Nein, sie war **genauso billig wie** die blaue.

Kettenreaktion 14. Repeat each sentence after the speaker.

BEISPIEL: Das ist der Mann, der hier wohnt.
Das ist der Mann, der hier wohnt.

Variation zu Partnerartbeit 17. Respond to each question, as in the model. Be sure to notice that the preposition precedes the relative pronoun in the relative clause.

BEISPIEL: Arbeiten Sie für *diesen* Chef?
Ja, das ist der Chef, **für den** ich arbeite.

Variation zu Gruppenarbeit 21. Respond positively to each question as in the model, using the relative pronoun **was** plus a relative clause.

BEISPIEL: Hat er etwas Interessantes?
Ja, er hat etwas, **was ich interessant finde**.

Variation zu Partnerarbeit 22. Replace the adjectival noun in each sentence with nouns formed from the adjectives you will hear.

BEISPIEL: Das ist das Beste, was wir haben. (billig)
Das ist **das Billigste**, was wir haben.

Variationen zu Übung 23.

A. Say where things or people were left, using the cues you will hear.

> **BEISPIEL:** Wo ist seine Jacke? (zu Hause)
> Er hat sie **zu Hause** gelassen.

B. Replace the subject with the new one you will hear. NOTE: Here **lassen** means *to allow*.

> **BEISPIEL:** Meine Eltern lassen mich nicht allein gehen. (meine Mutter)
> **Meine Mutter lässt** mich nicht allein gehen.

Variation zu Übung 26. Say that you had things done rather than doing them yourself.

> **BEISPIEL:** Hast du das Essen selber gekocht?
> Nein, ich habe **es kochen lassen**.

ÜBUNG ZUR BETONUNG

Listen to each word or phrase as it is spoken. Repeat it in the pause provided, and then underline the stressed syllable or syllables in the list below.

in tel li gent

ü ber mor gen

vor ges tern

dies mal

Gu te Nacht!

je des Mal

die Er in ne rung

er in nern

die Ge gend

der Au gen blick

weg ge hen

wie der se hen

re pa rie ren

ir gend wo

grau sam

die Grö ße

die Er zäh lung

ver glei chen

DIKTAT

Listen to each sentence several times. After listening once, try to write all that you have heard in the space below. Listen again until you feel confident that you are writing what you hear. (The dictation contains material from all of **Kapitel 12**. You should study the **Grammatik** and the **Lesestück** sections before doing it.)

1. _____

_____

2. _____

_____

3. _____

_____

4. _____

_____

5. _____

_____

6. _____

_____

7. _____

_____

8. _____

_____

9. _____

_____

10. _____

_____

KAPITEL **13**

DIALOGE (p. 350)

Practice speaking what you hear. Listen to each dialogue twice. First, listen to the dialogue at normal speed. Then, replay the track pausing the recording after each phrase and repeat each phrase after the speaker. Each dialogue is followed by an exercise to check your comprehension.

Fragen zu den Dialogen

Following the first and second dialogues, decide whether the statements you will hear are true or false (**richtig oder falsch**). For the third dialogue, choose the best answer to the questions you will hear. Mark your answers below.

Dialog 1: Skifahren in der Schweiz

RICHTIG ODER FALSCH?

1. R F   **2.** R F   **3.** R F   **4.** R F

Dialog 2: Probleme in der WG: Im Wohnzimmer ist es unordentlich

RICHTIG ODER FALSCH?

1. R F   **2.** R F   **3.** R F   **4.** R F

Dialog 3: Am Informationsschalter in Basel

VERSTEHEN SIE?

1. **a.** Er ist in Zürich und bleibt nicht lange.
   b. Er ist in Basel und bleibt eine Woche.
   c. Er ist in Basel und bleibt nur einen Tag.

2. **a.** Er sucht den Bahnhof.
   b. Er braucht Auskunft über die Stadt.
   c. Er weiß nicht, wo er ist.

3. **a.** Sie empfiehlt ihm eine neue Ausstellung im Historischen Museum.
   b. Sie empfiehlt ihm den Marktplatz.
   c. Sie empfiehlt die Fußgängerzone.

4. **a.** Er soll mit der Straßenbahnlinie 3 fahren.
   b. Er soll mit dem Bus fahren.
   c. Er soll mit der Linie 2 bis zum Historischen Museum fahren.

Hören Sie gut zu!

Listen to the dialogue as many times as necessary. Then check your understanding by answering in German the questions you will hear. This dialogue is *not* printed in your textbook.

VERSTEHEN SIE?

1. _____

2. _____

3. _____

4. _____

ÜBEN WIR! (pp. 356–365)

The exercises in this section of the SAM Audio Program are designed to give you additional practice with the grammatical structures and the vocabulary you are learning. The numbering of the exercises corresponds to the numbering in the textbook. Read the directions for each exercise, then follow the model (**Beispiel**) and respond in the pauses.

Variationen zu Übungen 1–4.

A. Replace the prepositional object with the new one you will hear.

BEISPIEL: Ich freue mich auf *die Semesterferien*. (das Wochenende)
Ich freue mich auf **das Wochenende**.

B. Substitute the prepositional objects you will hear. Note that some verbs take an accusative object, while others a dative object; be sure to make all necessary changes.

BEISPIEL: Wir warten auf *den Bus*. (der Zug)
Wir warten auf **den Zug**.

Variation zu Partnerarbeit 7. Following the model, replace each prepositional object with the noun phrase you will hear.

BEISPIEL: Interessieren Sie sich für *deutsche Filme*? (moderne Kunst)
Interessieren Sie sich für **moderne Kunst**?

Variation zu Übung 8. Answer each question affirmatively, using a **da**-compound in your answer.

BEISPIEL: Stand er vor dem Kino?
Ja, er stand **davor**.

Variation zu Partnerarbeit 9. Answer the questions in the affirmative, being sure to use a **da**-compound to refer to things.

BEISPIELE: Steht Ingrid neben ihren Eltern?
Ja, sie steht **neben ihnen**.

Steht Ingrid neben ihrem Koffer?
Ja, sie steht **daneben**.

Variation zu Übung 11. Imagine you don't hear what the speaker is saying and you ask for clarification. Be sure to use a **wo-**compound for inanimate objects.

> **BEISPIELE:** Ich habe lange auf den Bus gewartet.
> **Worauf** hast du gewartet?
>
> Ich habe lange auf Ingrid gewartet.
> **Auf wen** hast du gewartet?

Variation zu Übung 12: Noch nicht, aber bald. Say that something hasn't happened yet, but it is going to soon.

> **BEISPIEL:** Hast du schon angefangen?
> Nein, noch nicht, aber ich **werde bald anfangen**.

Variation zu Übung 16: Der neue Lehrer. The class is talking about the new teacher's classroom expectations. Begin your answer with **Ich glaube, der Lehrer will, dass ...**

> **BEISPIEL:** Müssen wir immer pünktlich da sein?
> **Ich glaube, der Lehrer will, dass** wir immer pünktlich da sind.

Variation zu Partnerarbeit 17. Rephrase the command and say what you would like one or more of your classmates to do.

> **BEISPIEL:** Schreibt bitte ein bisschen schneller.
> Ich möchte, **dass ihr ein bisschen schneller schreibt**.

ÜBUNG ZUR BETONUNG

Listen to each word or phrase as it is spoken. Repeat it in the pause provided, and then underline the stressed syllable or syllables in the list below.

auf räu men	das Ge spräch
in te res sie ren	die Ver ei ni gung
vor ha ben	der Di a lekt
vor be rei ten	die Bar ri e re
zu hö ren	neu tral
die Li ni e	vor stel len
die Hal te stel le	sich ü ber le gen
die Aus kunft	die Rechts an wäl tin
ro man tisch	bei des
of fi zi ell	die Schwie rig keit
ein zi ge	Chi ne sisch
kon ser va tiv	

DIKTAT

Listen to each sentence several times. After listening once, try to write what you have heard in the space below. Listen again until you feel confident that you are writing what you hear. (The dictation contains material from all of **Kapitel 13**. You should study the **Grammatik** and the **Lesestück** sections before doing it.)

1. _____

_____

2. _____

_____

3. _____

_____

4. _____

_____

5. _____

_____

6. _____

_____

7. _____

_____

8. _____

_____

9. _____

_____

10. _____

_____

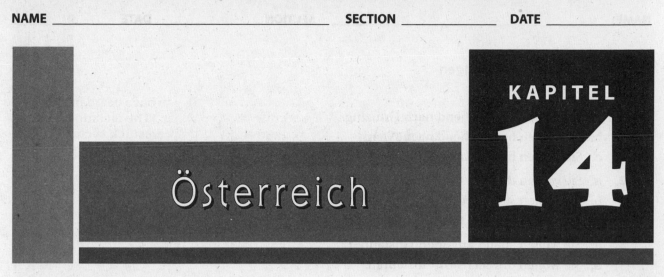

KAPITEL 14

Österreich

DIALOGE (p. 379)

Practice speaking what you hear. Listen to each dialogue twice. First, listen to the dialogue at normal speed. Then, replay the track pausing the recording after each phrase and repeat each phrase after the speaker. Each dialogue is followed by an exercise to check your comprehension.

Fragen zu den Dialogen

Following the first and third dialogues, choose the best answer to the questions you will hear. For the second dialogue, decide whether each statement is true or false (**richtig oder falsch**). Mark your answers below.

Dialog 1: Auf Urlaub in Salzburg

VERSTEHEN SIE?

1. a. Burckhardts sind deutsche Touristen in Salzburg.
   b. Herr und Frau Burckhardt besuchen ihre Familie in Salzburg.
   c. Burckhardts sind aus der Schweiz und sehen sich Salzburg an.

2. a. Frau Burckhardt möchte zurück ins Hotel.
   b. Sie haben Hunger und möchten am Würstelstand eine Wurst essen.
   c. Sie sind hungrig und möchten ein Restaurant suchen.

3. a. Herr Burckhardt hat seine Kreditkarte verloren.
   b. Burckhardts haben ihr ganzes Bargeld ausgegeben.
   c. Frau Burckhardt hat schon zu viel ausgegeben.

4. a. Bei der Bank.
   b. Am Bankautomaten oder im Hotel Geld wechseln.
   c. Auf der Post.

Dialog 2: An der Rezeption

RICHTIG ODER FALSCH?

1. R F
2. R F
3. R F
4. R F
5. R F

Dialog 3: Ausflug zum Heurigen

VERSTEHEN SIE?

1. a. Sie wollen heute Abend nach Grinzing.
    b. Sie wollen heute Abend nach Wien.
    c. Sie wollen heute Abend zu Freunden.

2. a. Sie wollen dort ein Glas Wein trinken und etwas essen.
    b. Sie wollen sich dort die Stadt ansehen.
    c. Sie wollen dort ins Café.

3. a. Sie wollen später am Abend losfahren.
    b. Sie wollen um sechs Uhr losfahren.
    c. Sie wollen gleich losfahren.

Hören Sie gut zu!

Listen to the dialogue as many times as necessary. Then check your understanding by answering in German the questions you will hear. This dialogue is *not* printed in your textbook.

VERSTEHEN SIE?

1. _____

2. _____

3. _____

4. _____

5. _____

ÜBEN WIR! (pp. 386–396)

The exercises in this section of the SAM Audio Program are designed to give you additional practice with the grammatical structures and the vocabulary you are learning. The numbering of the exercises corresponds to the numbering in the textbook. Read the directions for each exercise, then follow the model (**Beispiel**) and respond in the pauses.

Variation zu Übung 1. Substitute the new subjects you will hear.

> **BEISPIEL:** *Ich* würde lieber hier bleiben. (wir)
> **Wir würden** lieber hier bleiben.

Variationen zu Übung 2.

A. Hören Sie gut zu und sprechen Sie nach! Repeat the pronunciation of the indicative and the present subjunctive of modal verbs. Pay attention to the meaning of each pair of sentences.

> **BEISPIEL:** Ich **konnte gestern** mitmachen.
> Ich **könnte vielleicht** mitmachen.

B. Listen closely to the question. When it is in the past tense, answer with **Ja, gestern ...** When it is in the subjunctive mood, answer with **Ja, ich glaube ...**

> **BEISPIELE:** Durfte er das machen?
> **Ja, gestern** durfte er das machen.
>
> Dürfte er das machen?
> **Ja, ich glaube**, er dürfte das machen

Variationen zu Übung 8: Ich wünschte, es wäre anders!

A. You will hear a statement in the indicative. Use the subjunctive to express your wish that the opposite were true. All the verbs in this exercise are *weak* verbs.

> **BEISPIEL:** Hans-Peter studiert nicht hier.
> Ich wünschte, er **studierte** hier.

B. You will hear a statement in the indicative. Use the subjunctive to express your wish that the opposite were true. All the verbs in this exercise are *strong* or *irregular* verbs.

> **BEISPIEL:** Meine Gäste gehen nicht nach Hause.
> Ich wünschte, **sie gingen** nach Hause.

Übung 9: Aber wenn es anders wäre ... You will hear a statement in the indicative. Say how the situation would be if the facts were otherwise. Use **würde** plus the infinitive of all the verbs except **sein**, **haben**, and the modal verbs.

> **BEISPIEL:** Weil es so kalt ist, können wir nicht schwimmen.
> Aber wenn es **nicht** so kalt **wäre**, **könnten** wir schwimmen.

1. Weil es so weit ist, können wir nicht zu Fuß gehen.
2. Weil ich kein Geld übrig habe, mache ich es nicht.
3. Weil dieses Buch langweilig ist, lesen wir es nicht.
4. Weil der Dom geschlossen ist, können Sie ihn nicht besuchen.
5. Weil ich keine Zeit habe, kann ich kein Bad nehmen.
6. Weil sie nicht in Wien wohnt, kennt sie Grinzing nicht.
7. Weil ich keinen Hunger habe, bestelle ich nichts.
8. Weil sie sich nicht für diesen Film interessiert, geht sie nicht mit.

Variation zu Gruppenarbeit 12: Einen Ausflug planen. You and a friend are planning an outing to Grinzing. You will hear statements in the indicative. Change them to the subjunctive to say what your outing would, could, or ought to be like.

> **BEISPIEL:** Wir sollen zusammen ein Glas Wein trinken.
> Wir **sollten** zusammen ein Glas Wein trinken.

Übung 13: Könnten Sie das bitte machen? Make these questions more polite by changing them into the subjunctive.

> **BEISPIEL:** Können Sie mir bitte ein Einzelzimmer zeigen?
> **Könnten** Sie mir bitte ein Einzelzimmer zeigen?

Variationen zu Partnerartbeit 14.

A. Replace the direct objects with the expressions you will hear.

> **BEISPIEL:** Hätten Sie noch *österreichisches Geld*? (ein bisschen Zeit)
> Hätten Sie noch **ein bisschen Zeit**?

B. Make these direct questions more polite by changing them into subjunctive statements. Begin with **Ich wüsste gern ...**

> **BEISPIEL:** Wissen Sie, wie spät es ist?
> **Ich wüsste gern**, wie spät es ist.

Variationen zu Übung 15.

A. Substitute the new subjects you will hear.

> **BEISPIEL:** *Er* hätte nichts gesagt. (ich)
> **Ich hätte auch** nichts gesagt.

B. Change the sentences you will hear from the indicative to the subjunctive.

> **BEISPIEL:** Hans hat sie geliebt.
> Hans **hätte** sie geliebt.

Variation zu Übung 16.
Your friends all had an interesting summer. Say that you would like to have done what they did. Use **gern** and the past subjunctive.

> **BEISPIEL:** Klaus ist nach Frankreich gefahren.
> **Ich wäre auch gern** nach Frankreich gefahren.

Variation zu Gruppenarbeit 18.
Here are the facts. Make wishes contrary to the facts in the past subjunctive.

> **BEISPIEL:** Ich bin nicht ausgestiegen.
> **Ich wünschte, ich wäre** ausgestiegen.

Variationen zu Übung 19.

A. Replace the dependent infinitive with the one you will hear.

> **BEISPIEL:** Das hätte ich nicht *vergessen* sollen. (machen)
> Das hätte ich nicht **machen** sollen.

B. Substitute the new subjects you will hear.

> **BEISPIEL:** *Ich* hätte 30 Dollar wechseln sollen. (du)
> **Du hättest** 30 Dollar wechseln sollen.

C. Your friends tell you what they didn't do. You tell them what they should have done.

> **BEISPIEL:** Wir haben die Reise nicht gemacht.
> **Ihr hättet** die Reise machen sollen.

Variationen zu Übung 21.

A. Replace the past participles with the new ones you will hear.

> **BEISPIEL:** Du siehst aus, als ob du nicht *geschlafen* hättest. (gegessen)
> Du siehst aus, als ob du nicht **gegessen** hättest.

B. The speaker tells you certain things about himself. Say that the speaker *looks* as though the opposite were true.

>   **BEISPIEL:** Ich bin nicht fit.
>   Aber Sie sehen aus, **als ob Sie** fit **wären.**

C. Here are some facts about what happened. Say that it was as if the opposite had been true.

>   **BEISPIEL:** Ich habe die Stadt nicht gekannt.
>   **Aber es war, als ob** ich sie gekannt **hätte.**

ÜBUNG ZUR BETONUNG

Listen to each word or phrase as it is spoken. Repeat it in the pause provided, and then underline the stressed syllable or syllables in the list below.

pro bie ren

der An ge stell te

das Eh e paar

das Erd ge schoss

die Kre dit kar te

die Re zep ti on

die Du sche

das Ba de zim mer

ü brig

da mit

ös ter rei chisch

das Ein zel zim mer

de fi nie ren

der Es say

die I ro nie

po si tiv

die Psy cho a na ly se

die Am bi va lenz

die Kar ri e re

der Hu mor

der Ein fluss

ge gen üb er

die Il lu si on

nach den ken

die So li da ri tät

das Kla vier

jahr hun der te lang

der Cha rak ter

lo gisch

DIKTAT

Listen to each sentence several times. After listening once, try to write all that you have heard in the space below. Listen again until you feel confident that you are writing what you hear. (The dictation contains material from all of **Kapitel 14**. You should study the **Grammatik** and the **Lesestück** sections before doing it.)

1. _____

_____

2. _____

_____

3. _____

_____

4. _____

_____

5. _____

_____

6. _____

_____

7. _____

_____

8. _____

_____

9. _____

_____

10. _____

_____

KAPITEL 15

Kulturelle Vielfalt

DIALOGE (p. 409)

Practice speaking what you hear. Listen to each dialogue twice. First, listen to the dialogue at normal speed. Then, replay the track pausing the recording after each phrase and repeat each phrase after the speaker. Each dialogue is followed by an exercise to check your comprehension.

Fragen zu den Dialogen

Following the first and third dialogues, choose the best answer to the questions you will hear. For the second dialogue, decide whether each statement is true or false (**richtig oder falsch**). Mark your answers below.

Dialog 1: Wo liegt die Heimat?

VERSTEHEN SIE?

1. a. Sie ist eine deutsche Studentin.
   b. Sie ist eine ausländische Studentin.
   c. Sie ist Schülerin.

2. a. Die Familie kommt aus der Türkei.
   b. Die Familie kommt aus Spanien.
   c. Die Familie kommt aus Deutschland.

3. a. Sie ist in der BRD geboren.
   b. Ihre Familie spricht Deutsch.
   c. Sie hat Deutsch in Istanbul gelernt.

4. a. Sie meint, Deutschland ist ihre Heimat, weil sie dort geboren ist.
   b. Sie fühlt sich in Istanbul mehr zu Hause, weil sie die Stadt besser kennt.
   c. Sie ist nicht ganz sicher.

Dialog 2: Die verpasste Geburtstagsfeier

RICHTIG ODER FALSCH?

1. R F
2. R F
3. R F
4. R F

Dialog 3: Vor der Post

VERSTEHEN SIE?

1. a. Er hat den Brief zu Hause gelassen.
   b. Er hat keine Briefmarken auf dem Umschlag.
   c. Er glaubt, er braucht mehr Briefmarken auf dem Umschlag.

2. a. Er will den Brief einwerfen.
   b. Er will den Brief wiegen lassen.
   c. Er will Briefmarken kaufen.

3. a. Er hat vergessen die Adresse auf den Umschlag zu schreiben.
   b. Er hat Hartmanns alte Adresse vergessen.
   c. Er hat vergessen, dass Hartmanns umgezogen sind.

Hören Sie gut zu!

Listen to the dialogue as many times as necessary. Then check your understanding by answering in German the questions you will hear. This dialogue is *not* printed in your textbook.

VERSTEHEN SIE?

1. _____

2. _____

3. _____

4. _____

   _____

5. _____

   _____

ÜBEN WIR! (pp. 413–423)

The exercises in this section of the SAM Audio Program are designed to give you additional practice with the grammatical structures and the vocabulary you are learning. The numbering of the exercises corresponds to the numbering in the textbook. Read the directions for each exercise, then follow the model (**Beispiel**) and respond in the pauses.

Variationen zu Übung 1.

A. Substitute the phrase you will hear for the past participle at the end of the sentence.

    BEISPIEL: Hoffentlich werde ich *eingeladen.* (verstanden)
                 Hoffentlich werde ich **verstanden**.

B. Replace the subject for each sentence with the new subject you will hear. Change the verb forms accordingly.

    BEISPIEL: *Hanna* wird eingeladen. (ich)
                 Ich werde eingeladen.

Übung 3: Das wird sofort gemacht! Tell a guest in the hotel where you work that these things will be done immediately.

> **BEISPIEL:**   Können Sie mir bitte diese Uhr reparieren?
> Ja, sie **wird** sofort **repariert**.

Variation zu Übung 6. Substitute the new subjects you will hear. Change the verb forms accordingly.

> **BEISPIEL:**   *Die Schülerin* soll interviewt werden. (die Schüler)
> **Die Schüler sollen** interviewt werden.

Übung 9. Restate the sentences in the passive.

> **BEISPIEL:**   Meine Freundin liest jetzt den Roman.
> **Der Roman wird** jetzt von meiner Freundin **gelesen**.

1. Fast alle Physikstudenten belegen dieses Seminar.
2. Viele deutsche Schüler tragen gern Turnschuhe.
3. Unser Professor empfahl dieses Buch.
4. Alle Schüler in der Schweiz müssen Fremdsprachen lernen.
5. Michael hat mich eingeladen.
6. Die Gruppe hat das Referat besprochen.
7. Mein Freund hat die Gäste abgeholt.
8. Die Kinder singen immer dieses Lied.
9. Der Gepäckträger (*porter*) schleppte den Koffer zum Taxi.
10. Die ganze Familie feiert Omas Geburtstag.

Übung 14. Use the present participle of the cued verb as an adjective.

> **BEISPIEL:**   Wir können die Preise nicht mehr zahlen. (steigen)
> Wir können die **steigenden** Preise nicht mehr zahlen.

ÜBUNG ZUR BETONUNG

Listen to each word or phrase as it is spoken. Repeat it in the pause provided, and then underline the stressed syllable or syllables in the list below.

em i grie ren	die Na ti o na li tät
die I den ti tät	in ter kul tur ell
an ge nehm	die See le
die A dres se	die Tür kin
die Aus län de rin	die Tür kei
ein wer fen	Zeig mal her!
gra tu lie ren	
die Viel falt	
der Um schlag	
die Fei er	
per fekt	
das The ma	

DIKTAT

Listen to each sentence several times. After listening once, try to write all that you have heard in the space below. Listen again until you feel confident that you are writing what you hear. (The dictation contains material from all of **Kapitel 15**. You should study the **Grammatik** and the **Lesestück** sections before doing it.)

1. _____
   _____

2. _____
   _____

3. _____
   _____

4. _____
   _____

5. _____
   _____

6. _____
   _____

7. _____
   _____

8. _____
   _____

9. _____
   _____

10. _____
    _____

SELF-TEST
ANSWER KEYS

TEST YOUR PROGRESS

Zusammenfassung und Wiederholung 1

A.

1. es scheint *to shine; to seem*
2. die Kinder spielen *to play*
3. ihr geht *to go*
4. es bedeutet *to mean*
5. ich meine *to be of the opinion; to think; to mean*
6. er läuft *to run; to walk*
7. es stimmt *to be correct*
8. du schläfst *to sleep*
9. wir fahren *to drive, go (by vehicle)*
10. ihr besucht *to visit*
11. sie will *to want to*
12. ich darf *to be permitted to, may*
13. du wirst *to become*
14. es schneit *to snow*
15. sie bekommen *to get, receive*
16. du liest *to read*
17. ihr tragt *to carry; to wear*
18. er kann *to be able, can*
19. er wartet *to wait*
20. sie soll *to be supposed to, should*
21. sie fängt an *to begin*
22. er vergisst *to forget*
23. ich komme vorbei *to come by, drop by*
24. du siehst fern *to watch TV*

B.

1. Barbara möchte schon nach Berlin. 2. Die Studenten wollen noch ein bisschen bleiben. 3. Was trägst du am Freitag? 4. Nimmt Karin ein Brötchen? 5. Liest du diese Zeitung? 6. Schläft er bis neun? 7. Weiß Gisela, wie er heißt? 8. Wartet er bis zehn? 9. Isst Oliver Pommes frites? 10. Horst läuft durch den Wald.

C.

1. die Schule / die Schulen
2. das Hemd / die Hemden
3. die Mutter / die Mütter
4. der Schuh / die Schuhe
5. die Sprache / die Sprachen
6. der Freund / die Freunde
7. die Freundin / die Freundinnen
8. der Bruder / die Brüder
9. die Schwester / die Schwestern
10. das Klischee / die Klischees
11. der Sohn / die Söhne
12. die Tochter / die Töchter

13. das Haus / die Häuser
14. die Zeitung / die Zeitungen
15. der Beruf / die Berufe
16. das Land / die Länder
17. der Stuhl / die Stühle
18. die Frau / die Frauen
19. der Lehrer / die Lehrer
20. die Lehrerin / die Lehrerinnen

D.

1. Nein, ich bin nicht immer müde. 2. Nein, wir wohnen nicht bei den Eltern zu Hause. 3. Nein, sie ist keine Studentin. 4. Nein, ich kenne deine Schwester nicht. (*oder* Nein, eigentlich kenne ich deine Schwester nicht.) 5. Nein, wir wollen nicht nächsten Sommer in die Schweiz. (*oder* Nein, wir wollen nächsten Sommer nicht in die Schweiz.) 6. Nein, ich kaufe heute keine Lebensmittel ein. 7. Nein, Sie brauchen keine Euros. (*oder* Nein, wir brauchen keine Euros.) 8. Nein, ich habe keine Angst.

E.

1. Meine; keine 2. den (*oder* einen); kein 3. Ihren 4. meinen 5. unser 6. meinen Freunden (*oder* meinem Freund) 7. den Kindern 8. Ihre 9. Mein; meine 10. meinen

F.

1. ihr 2. sie 3. ihr 4. seine 5. ihr 6. Ihren 7. dir (*oder* euch, Ihnen) 8. Ihre 9. Ihr 10. sie 11. ihr 12. ihnen

G.

1. Ich mag dich sehr. (*oder* Ich mag Sie sehr.) 2. Möchten Sie schwimmen gehen? (*oder* Möchtest du schwimmen gehen? Möchtet ihr schwimmen gehen?) 3. Mögen Sie meine Freunde nicht? (*oder* Magst du meine Freunde nicht? Mögt ihr meine Freunde nicht?) 4. Ich wandere gern. 5. Ich möchte allein sein. (*oder* Ich möchte gern allein sein.) 6. Ich mag das Klima nicht. 7. Ich bin gern allein.

Zusammenfassung und Wiederholung 2

A.

1. seit; an
2. über
3. im
4. mit; zur (*oder* an die)
5. Nach; in; nach
6. Bei; auf (*oder* unter, neben, hinter); außer

B.

1. Wohin fliegt er? (*oder* Wo fliegt er hin?)
2. Woher kommt sie? (*oder* Wo kommt sie her?)
3. Stimmt das nicht? 4. Hast du keine Zeit für mich? 5. Wer hat das immer gesagt? 6. Wem gehört die Landkarte? (*oder* Was gehört deinem Freund?) 7. Wann sollen wir das machen? 8. Wo sind die Kinder heute? (*oder* Bei wem sind die Kinder heute? Wer ist heute bei der Tante?)

C.

1. ins
2. zu; nach
3. in
4. nach; nach
5. zum (*oder* an den); ins; nach
6. zu

D.

1. den Kindern ein Märchen; es ihnen
2. meinem Freund den Artikel; ihn mir

E.

1. Karin ist heute zu Hause geblieben. 2. Meine Freunde haben nicht in Rostock gewohnt.
3. Um wie viel Uhr bist du denn aufgestanden?
4. Ich habe meiner Familie einen Brief geschrieben. 5. Ich habe eine Stunde bleiben müssen. 6. Die Schüler sind oft müde gewesen.
7. Ich habe leider keine Zeit gehabt. 8. Sie ist Lehrerin geworden.

F.

1. Kommst du mit oder bleibst du hier? 2. Ich habe heute keine Zeit, weil ich zu viel zu tun habe. 3. Hamburg liegt nicht im Süden Deutschlands, sondern im Norden. (*oder* Hamburg liegt nicht im Süden Deutschlands, sondern es liegt im Norden.) 4. Ich weiß nicht, ob er hier ist. 5. Da wir wenig Geld haben, müssen wir sparen. 6. Wenn du mir helfen kannst, bin ich bald fertig. 7. Jan hat nicht studiert, aber er weiß viel über Geschichte. 8. Hast du gehört, dass Tante Karoline uns morgen besucht? 9. Obwohl sie noch nie in Europa gewesen ist, spricht sie gut Deutsch.

G.

1. den Wagen meines Freundes (*oder* das Auto meines Freundes) 2. Ende der Woche 3. Karls Bruder 4. Das Haus meines Lehrers (*oder* Das Haus meiner Lehrerin) 5. die Sprache dieser Menschen (*oder* die Sprache dieser Leute)
6. trotz der Arbeit 7. Wegen meiner Arbeit
8. das Leben eines Studenten (*oder* das Leben einer Studentin)

H.

1. Wie spät ist es, bitte? (*oder* Wie viel Uhr ist es bitte?) 2. Es ist fast halb acht (*oder* Es ist fast sieben Uhr dreißig.) 3. Wann soll der Zug ankommen? 4. Er kommt um zwanzig Uhr neunundfünfzig an. 5. Was machst du um Viertel vor acht? (*oder* Was machen Sie um Viertel vor acht?

I.

1. liege; im
2. auf (*oder* neben / unter); legen
3. ins; stellen
4. am; stehen
5. am; sitzen

J.

1. Wir haben keine Lust Onkel Georg zu besuchen. 2. Um etwas über Kunst zu lernen, sind sie ins Museum gegangen. (*oder* Sie sind ins Museum gegangen um etwas über Kunst zu lernen.) 3. Es war sehr nett von ihr, mir eine Karte aus Köln zu schicken. 4. Gehst du schon, ohne Julia auf Wiedersehen zu sagen?

K.

1. diesen 2. alte 3. eine neue 4. deutsche
5. letzten 6. verschiedene interessante
7. politische 8. ersten deutschen 9. diesen alten 10. vielen 11. des deutschen Volkes (*oder* der Deutschen) 12. erste 13. gutes
14. politische 15. dieser wichtigen 16. einen „starken" 17. arbeitlosen

L.

1. Als 2. Wenn 3. Wann 4. Wenn 5. Als 6. wann
7. Wenn

M.

1. warst 2. angerufen habe 3. wartete 4. wollten
5. gesprochen hatte 6. klingelte 7. war 8. war ...
eingeschlafen 9. wachte auf 10. wurde 12. stand
12. konnten 13. Hat ... gefallen 14. haben
gelacht ... geweint 15. wollten

Zusammenfassung und Wiederholung 3

A.

1. sich verletzt
2. fühlt er sich schon
3. sich verlobt haben
4. freuen sie sich
5. uns beeilen
6. dich schon angezogen
7. mir ansehen

B.

1. Lassen Sie mich bitte bleiben! (*oder* Lasst mich bitte bleiben! Lass mich bitte bleiben!) 2. Haben Sie Ihr Gepäck im Auto gelassen? (*oder* Hast du dein Gepäck im Auto gelassen? Habt ihr euer Gepäck im Auto gelassen?) 3. Ich lasse mir das Essen bringen. 4. Hast du den Arzt kommen lassen? (*oder* Haben Sie den Arzt kommen lassen? Habt ihr den Arzt kommen lassen?) 5. Lassen Sie Ihren Mantel auf dem Stuhl. (*oder* Lass deinen Mantel auf dem Stuhl.) 6. Können wir die Kinder noch eine Stunde spielen lassen?

C.

1. lieber; am liebsten
2. ärmer; am ärmsten (*oder* die ärmsten)
3. öfter; am öftesten
4. ein stärkerer; der stärkste
5. mehr; die meisten
6. wärmer; am wärmsten (*oder* der wärmste)
7. größere; die größten
8. Mehr; Die meisten
9. interessanter; am interessantesten (*oder* die interessanteste)
10. ein teureres; das teuerste

D.

1. den 2. dem 3. dessen 4. die 5. was 6. was 7. denen 8. der 9. die 10. was

E.

1. das letzte Mal 2. noch einmal 3. dreimal 4. das zweite Mal 5. damals 6. zum vierten Mal

F.

1. auf etwas Neues 2. auf ihre Idee 3. an meine Kindheit 4. auf die Prüfung 5. auf deine Arbeit 6. um meine Gesundheit 7. an der Diskussion 8. für solche Probleme 9. an deine Freunde 10. an mich 11. um deine Adresse 12. mit einem Deutschen 13. Über dieses Thema 14. an seinen Vater

G.

1. Ja, ich habe darauf geantwortet. 2. Ja, ich interessiere mich dafür. 3. Ja, ich kann mich daran gewöhnen. 4. Ja, sie hat sich um ihn gekümmert. 5. Ja, ich habe mich darüber gewundert. 6. Ja, wir haben auch an sie gedacht.

H.

1. Wenn du nicht nur halbtags arbeitetest, hätten wir genug Geld. (*oder* Wenn du nicht nur halbtags arbeiten würdest, hätten wir genug Geld.) 2. Wir hätten etwas gekauft, wenn der Laden schon auf gewesen wäre. 3. Wenn er freundlich wäre, könnte man leicht mit ihm reden. 4. Wenn die Straßenbahn hier weiter führe, müssten wir jetzt nicht laufen. (*oder* Wenn die Straßenbahn hier weiter fahren würde, müssten wir jetzt nicht laufen.) 5. Ich hätte ihr gratuliert, wenn ich gewusst hätte, dass sie heute Geburtstag hat.

I.

1. Ich wünschte, wir wären schon angekommen! 2. Ich wünschte, wir hätten heute Morgen die Wohnung aufgeräumt. 3. Ich wünschte, es gäbe in der Altstadt ein Café. 4. Ich wünschte, ich hätte meine Reiseschecks nicht vergessen. 5. Ich wünschte, die Preise wären nicht gestiegen.

J.

1. Nein, sie sehen nur aus, als ob sie ordentlich wären. 2. Nein, sie sehen nur aus, als ob sie so viel Geld hätten. 3. Nein, sie sieht nur aus, als ob sie so konservativ geworden wäre. 4. Nein, er sieht nur aus, als ob er gerade aus den Ferien zurückgekommen wäre.

K.

1. Dürfte ich mich hier hin setzen? 2. Dürfte ich eine Frage stellen? 3. Würden Sie mir bitte den Koffer an das Gleis tragen? 4. Hätten Sie ein Zimmer mit Bad? 5. Wann sollte ich das für Sie machen?

L.

1. Dieser Brief ist von Karl geschrieben worden. 2. Hinter dem Dom wurde von der Stadt eine neue Schule gebaut. 3. Die Vorlesung wird von Professor Müller gehalten. 4. Diese Zeitung ist von vielen Studenten gelesen worden. 5. Dieses Problem wird von meinem Freund gelöst werden.

M.

1. Das kann irgendwann vom Chef entschieden werden. 2. Das Buch soll ein zweites Mal gelesen werden. 3. Unser Zweitwagen muss leider verkauft werden. 4. Ein solches Klischee kann nicht ernst genommen werden. 5. Kann die Frage von allen Schülern verstanden werden?

N.

1. geschlossenen 2. verlorene 3. schlafenden 4. vergessene 5. abfahrende (*oder* abgefahrene)

O.

1. Woran denkst du? (*oder* Woran denken Sie?) 2. Ich habe das Buch sehr interessant gefunden. (*oder* Ich hielt das Buch für sehr interessant.) 3. Das muss ich mir eine Zeit lang überlegen. 4. Wir könnten nach Grinzing gehen. Was meinst du? 5. Ich glaube, das ist eine gute Antwort. (*oder* Das finde ich eine gute Antwort. Ich finde, das ist eine gute Antwort.)